環地福分類字課圖說

吉安趙金壽鑄伯編　吳縣王淦生繪圖
泰州儲丙鶴星遠校　白下李節齋編字

上海環地福書局印

天津出版傳媒集團
天津人民出版社

分類字課圖說

光緒三十一年
環地福書局初次石印

漢文為中國之國粹未有漢文不入堂奧而能深探泰西語言文字者也自學堂興而漢學日就荒廢喜新者厭故見異思遷幼稚年華即咿唔愛皮西提之文而置國粹於不顧間有兼課中學大抵皆抱守舊瀍祇冀多識漢字覬求甚解然能稍明句讀則仍以四書五經為課程試問根柢不明又兼分心於西學而欲其文理通暢也得乎殆勞而無功反歸咎於漢文之

寡致夫漢文豈真寡致哉蓋未得入門之善本耳吾友趙君鑄伯主政以課吏餘暇留心教育頗以開風氣為己任爰編輯分類字課圖説一部為中國億萬〻童蒙造無量幸福僕春初來滬偶卜榻於環地福書局即趙君輯書處也承蒙委校勘之任僕深嘉其有益於後進因不憚辛勤細心讐訂并核字典詳加註釋有亥豕魯魚之訛率標誌而更正之復請選名手繪圖千餘以成完璧嗚

呼趙君之功亦偉矣曩昔讀書士子十齡以前所謂致
致不倦者惟在記誦之學耳若欲求文理明達豁然
貫通早則十五六齡遲則雖至弱冠亦不足怪設使
居今日而守古灋將見此謂科學者蹉跎至四十
五十不能卒業而東西文無論矣豈不大可哀哉惟
得是書而教授焉啓迪焉作聖之基端資蒙養而
今而後吾知五六歲之孩童即能解釋字義而漢文
通達之效亦不難指日而待矣國粹存亡之關係其

在是乎其在是乎

光緒三十一年三月二十日泰州儲丙鶉星遠識於

南洋公學之中院

凡例

一是書專為學堂訓蒙而作也故詞文特芟深奧獨留淺近焉

一書成八卷挨次分類取其閱者醒目

一選字凡蒙學須用之字約計三千有餘生僻字概不錄用其字體均從正寫

一每字下先反切繼釋音注音某或注某字某聲均本字典次釋義統以一語剖晰之次引証舉其與他字聯綴者或有兩音三音悉載之

一凡字之因附以圖者或從本法或仿西式取其蒙童一見而知易開知識也

光緒三十年冬十月

環地福分類字課圖説總目

環地福分類字課圖說目錄

卷一

吉安　趙金壽鑄伯編
泰州　儲丙鶉星遠校

天文類

天運日月星宿彗斗魁雨雪露霜霞
虹雲霧雷電震霆蝕暈風氣晴霽照
明朗朔晦望弦旱災冷暖温涼年歲
閏時候期漏紀刻曆春夏秋冬晝夜
干支甲乙丙丁戊己庚辛壬癸子丑
寅卯辰巳午未申酉戌亥宇宙上下
高低前後縱横左右旁側邊中央正
晨昏昭昧儀晷曉潮汐寒暑早晚東

南西北經緯度數

地輿類

大清京都順直奉遼吳蘇皖徽章贛

浙越閩建楚鄂湘沅豫汴齊兗晉汾

陝秦甘肅新疆川蜀粵瓊桂廣滇梁

貴黔吉林黑省蒙瀚海藏亞歐非美

澳倭韓暹安愛俾緬印波阿土希埃

俄英法德奧義瑞荷比班葡那丹合

衆巴祕墨戎狄蠻夷羌胡

卷二

地理類

地球國都邦畿境域郡省府縣州廳

城郭鎮市鄉村閭里街巷遂鄰井邑
甸田疇壤阡陌畝原郊隰隴場墟園
囿圃藪窟岸畔隘鄙堆隄防隅郵驛
衢橋梁壩樊籬徑野塗泥關塞界限
歧險沙漠

山水類

山泰岱華嵩恆衡霍谷嶺嶼坡巖島
嶽嵐岡陵岷砥穴洞瀑礪石磁阬坎
邱壑灘江阜峰峽水湖河瀛洲洋港
渠漢溪滄灣淮澗涯泗潁洛淇涇渭
汾沂潼濟滬淞瀆澎浦淵泉渚潦澤
池溜滴濱泡源濤瀾派塘沼冰沿溝

洫渡津

宮室類

朝廷宮殿闕墀階陛堂廟祠社廊廡
學校泮館庠序家塾舍房宅寓閾闈
閨閫廬廂齋壇衙署庭軒幕樓臺亭
閣廈菴觀寺院塔棧店邸鄰倉庫廩
厨竈庖廐廁窗牖樞楣門椽檐檻梯
棟垣墉牆壁户屏楹柱砌柵卡局廛
處居室屋坊基址

姓氏類

人種類姓氏唐堯虞舜夏禹殷湯周
武桀紂孔顏曾孟冉閔鄒魯姜趙鄭

郎馮陳褚蔣沈呂魏潘彭蔡薛張鄧
滕宋袁姚阮劉范邵衛荀董龔齊穆
俞胡閻

君臣類

皇帝后辟妃姬君臣王公侯伯卿相
督撫藩臬憲尹宰元部曹司屬副貳
丞尉佐輔匡襄協聘官員品級封贈
仕宦爵祿位秩僚采職銜科第翎頂
狩例選舉引薦陞任用黜陟褒貶劾

卷三

人倫類

男女裔系婚姻親戚族黨老小叟孩

孺童蒙嬰兒祖宗父母考妣翁姑伯
叔娘嬸婆媳夫婦妻妾嫡庶孥孫昆
仲娣姒妯娌姨姪兄弟姊妹哥嫂舅
甥壻倫嫗疏僮僕使役奴婢傭隨從
配匹生育孕產

禮制類

禮制綱紀政治賞賜令化禁盟饗詔
諭慶賀頒示奏祭祀祝

寶玩類

璽笏圭璋璧貝珍珊瑚瑜瑕寶珠璣
玉貨錢鈔財鼎彝席硯籩豆俎罍簠
簋

器具類

鑾輦輿蹕駢車軾轍軌轂軺舟艦柁

蓬纜錨撐槎轎輮傘馳騎駕

音樂類

樂律呂韶舞佾鐘鼓鼙琴瑟箏琵琶

磬簫管笛笳竽笙鑼鉦鐸

刑法類

刑赦宥判控訟捕犯究冤枉獄囚牢

懲桎梏罪枷笞絞殺審訊詰誅斬梃

縲縶縛理放察訪查搜鞭扑撻拘拏

擒捉囹圄

文具類

文字典謨訓誥書籍册簿編詩騷賦
頌策銘易爻卦篆碑隸繪圖柬稟箋
翰函牘卷簡帖款讀紙筆

武備類

武備戰伐征討圍攻敵守禦侵勝克
捷敗逃竄功勳滅虜俘馘戍駐護巡
救將帥軍兵隊伍旅卒陣犒諜獲弓
箭矢旆彀韜弩戈戟矛刀斧鉞劍鎗
刃鋒胄砲彈壘旌旂纛

飲食類

飲食饔飧餔餐粥飯餅飱麪餻糧餌
餑饅餛飩餃肴膳饈饌脩脯胾臠餉

髮

技藝類

技術射藝弋疇畫醫筮占妝卜奕御

鈴相鑑巫飾匠

采色類

色紅黃朱赤絳青蒼黛紫玄素縞黎

藍盧絢緇緅紺碧斑采鮮

布帛類

帛絲綾羅紬綿紗絨錦布緞絹

紡織類

繅績織紡絡濩絺縷

衣飾類

椎囷囮斛架升權籤規矩鑽錐鑷鉋

馬飾類

鞅韉鑾勒韁鞍馭駟驅騁

卷五

格致類

汽輪機輻軸動縮凝漲熱濃黏光像

幻閃凸凹折遠反奇影色浪趁芒回

顯吸力結重散壓擒躍擺擲速抛桿

能斜劈滑抵墜升

化學類

化淡綠養輕酵卝金須硫銀鹽燐鐵

銻鉑鉀錳煤鹻酸晶硝灰鋼強膠銅

飛禽類

禽鳳凰鳥鸞雀鶴鸚鵡鳩鴸烏鳫鶯
鸝鴿鷙雉鴛鴦翠鴻鷹雁鵬淑鵰鵠
鳧鴟鴞鷺梟鷂鷗鳶鴉燕鵲雞鴨鵝
鷄卵哺雎雄飛鳴羽雛翼爪翅翹翔
翮翥習

走獸類

獸麒麟牲虢虎豹獅象獒犀熊兕猴
猿獺鹿麋麈駱駝狸麝豺狼猩貂狐
兔夔豸馬驥駿駒騮駑驢騾驪牛羊
犢羔犬羚猪狗彘豕豚豪畜貓鼠牝
牡

卷六

花卉類

菜蔬類

果品類

果棗棠

梅萄杏蔗核橙桃橘李荔櫻棘榴柑柿菱棃瓜枇藕杷荸橄薏欖芡

樹木類

樹杪柏檜

根枯梧喬株槁櫟樫林萎杞槿柢桐槐榧枝檀楊榛柯椶柳榆梗杉栖椿森桼檟條楝栗枚梓橡蔭枏樗叢樟楓菀松桑

竹類

竹

簜籜筠篁篠

鱗介類

聖賢俊乂豪傑儒士彥偉剛毅純孝
恕敦厚誠信孚寬智慧淑善良資質
才哲福祉嘉祥康榮忠貞莊敬嚴慤
仁讓恭廉端儉壽夭鰥寡孤獨窮賤
偉壯肥瘠

釋道類

神仙佛菩薩僧尼禪醮禱祝鬼魔祟
魅祇籙妖靈怪亡

事業類

漁釣網罟罾杈樵牧屠民商賣氓賈
買販貿購鬻兌售欠債償賒借貸糴
價扣糶值批招利贏賽款貫簿契夥

訣述含咽嘗吞吐吃欬嘔噬嗽渴啄

疾病類

疾瘧疫病痢瘴腫療隕痛痊恙眇禿

瞽盲跛癲癱瘖聾

喪葬類

死喪尸棺槨訃殯殮弔唁奠墳葬埋

墓屍縊溺崩殤冥薨柩殉

人事類

沐浴澡洗濯浣汲負擔坐卧伸睡夢

寐起倚健瘦胖疲倦弱視聽看立列

提攜把握攘掠擁取持裹與揣按揑

摹摩夾攀掃抽摘拂掣拓玩探拔弄

卷八

人事類

愜憂悲怨傷悼恨愁悶感哀惻慨恐
懼羞驚悚辱憤慍慢忿怒急嗜知解
欲覺識審憶料察悟擬疑歎懍惑私
惕戒蘊虔念耐懇惰戀怯懈忘憚憐
惜恤矜擾煩竭盡瞻顯隱敞得失停
獘輟礙了畢狀完訖肖欠卻冒乏窘
賸催寄俟付卸試需用蓄裹賃賴存
暇娛逍增益始終仿肆效措蹤迹事
務擅改肇初振作迷遽呈告迸開閑
闢遐邇遠近通達長短巨細濶狹詳
精麤畧厚薄卑亢巍幽稀密豐盛碩
隆永普燦赫靖綽裕悠異挺邈彬炳

崇溥巍玲瓏光扁硬穩散堅妥整空
襍匀虛瑣坦包載轉裝墊築艱虧滯
難損窒紛紜猝徐迅迫深淺浮游於
纏將纔頗并屢頻若不必尚既靡乘
戾毒害惡凶

虛字類

毋每各況皆悉故所以特僅該有無
莫蔑暨及且惟於豈爰但凡亦抑詎
盍儻設然而恰因乃猶堪似又仍殊
啻則聊苟即雖或斯屆是厥曷孰攸
只奚之的諸兮焉已矣哉何奈乎者
也耶

環地福分類字課圖説

(壹)

天 平

他年切音腆平聲青气為天
皇天　天下

至高在上大而無外故字从一大天之所覆甚廣也又天時也春夏秋冬為四時天

運 去

禹慍切音韻由彼至此為運
行運　運動

天運者即日月旋繞以成寒暑者也為舟車循環不已者運貨之運又若運祚之運則以氣化流行為本而決吉凶禍福

天氣圖

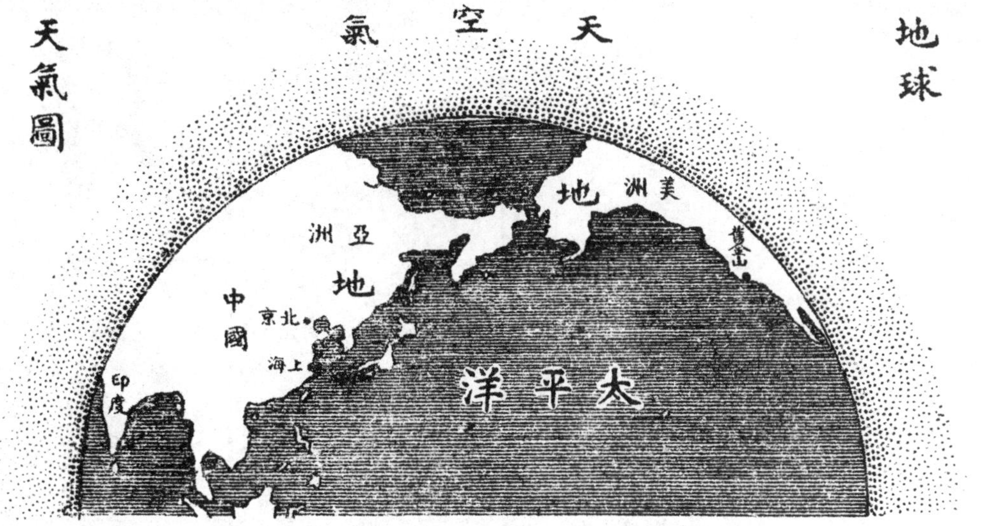

行星環日道

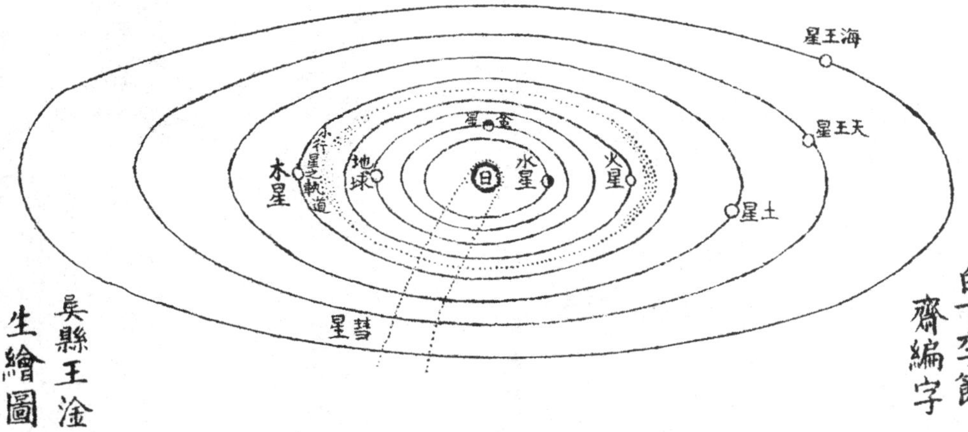

白下李節齋編字

吳縣王淦生繪圖

日

入

入質切、音舶、衆陽之宗也、自早至晚為一日、

永日　日蝕

日出于扶桑、没于幽谷、日體如球、能自旋轉、出則白晝、入則黑夜、

月

入

魚厥切、音軏、太陰之象也、三十日為一月、有大月小月之分、

明月　月光

月形如球、隨地繞日而行、徑約六千四百八十里、離地七十二萬里、小于地四十九倍、因日離地遠、月離地近也、

星

平

先青切、音新、天空諸曜為星、

零星　星宿

星有二十八宿、動者行星、不動者恒星、散佈天空、大小不等、能觀見者約四五千顆焉、

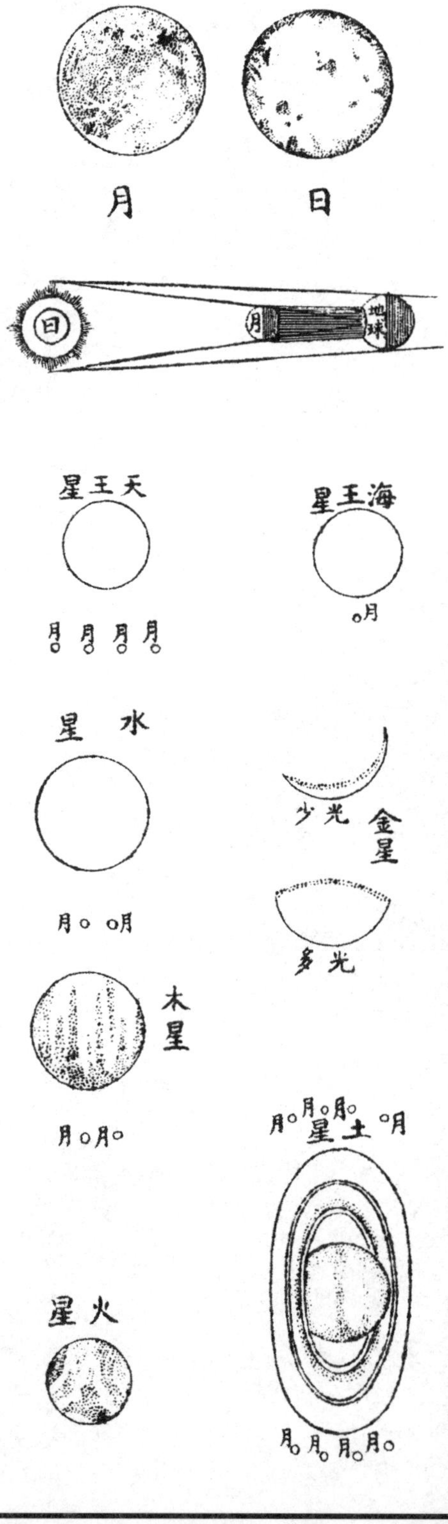

宿

去 入

息六切，音夙，住也，夜止曰宿，止宿。息救切，音秀，列星也，辰宿

史記二十八宿，角亢氐房心尾箕井鬼柳星張翼軫奎婁胃昴畢觜參斗牛女虛危室壁，為東西南北四方之宿

彗

去

祥歲切，音篲，彗星，俗呼掃帚星，亦名長星，又謂之孛　帚星

彗星形狀不一，有時中體一點，四圍星氣作團以裹之，有時尾散於後，長有數兆里，尾似金光，如浮雲中有遠星，歷歷仍現

斗

上

當口切，音陡，十升為斗，又星名，北斗　斗柄

北斗七星，第一至第四為魁，第五至第七為杓，在大熊宿之尾，故西人名為大熊，南斗六星，天市垣小斗五星，皆似斗形

魁

平

苦回切，音恢，大也　魁梧　經魁

北斗七星，樞璇璣權四星為魁，衡開陽三星為杓，又為首領者謂之魁，士人中榜在先者，初謂之十八魁也

彗星

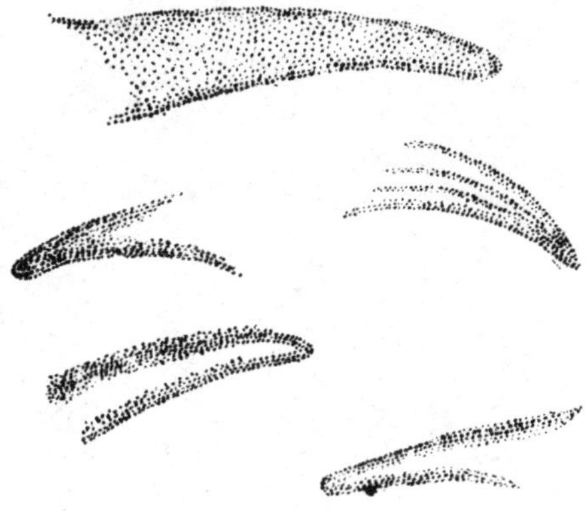

斗宿

去

雨

上

王矩切、音羽上聲、風雨之雨、
王遇切、音芋去聲、落雨之雨、
大雨　雨水

江海之水、被日之熱氣薰蒸上騰、致成黑雲、積聚不化、遂變為雨、地球得雨、多有不同、熱帶雨多、温帶雨少、寒帶雨更少

雪

入

蘇絶切、音息、雨下遇寒氣、而為雪、
雨雪　雪白

天氣嚴寒、空氣中所含水氣團聚凝結、不能成雨、而成雪顆粒如針、彼此湊合、成六角形、其式不一、　又節名、大雪小雪也、

去

露

魯故切、音路、孟秋白露降、露者霜之始也、
零露　露水

露因近地之濕氣、聚集而成、日間地面所收太陽之熱、夜間執散空氣、變冷、而濕氣遇地面之冷氣、即成水點、多著於草木枝葉上、

霜

平

師莊切、音桑、露結為霜、
霜降、節名、
嚴霜　霜風

秋深夜間寒冷、地面濕氣、先結為露、由露堅凝、成霜、其色潔白、如細冰花、見日即消、又易曰履霜堅冰至、其所由來者漸也、

霞 平

何加切、音遐、赤雲氣也、

雲霞　霞蒸

天上之雲、發見紅光、朝暮時見之、因日光適當地之黃道、返照雲氣、即成為霞、故亦稱黃道光、或曰朝霞主風雨、暮霞主晴、

霧 去

亡遇切、音務、霧、冒也、氣蒙亂覆冒物也、

雲霧　霧縠

雲霧本是一物、凡近地者為霧、若離地高遠、即成雲、又聚則為雲、散則為霧、霧重則對面不見、航海者最為危險、日出即散、

虹 平

戶工切、音洪、虹霓、天上有一圈圓形者是也、又名螮蝀、

白虹　虹霓

虹之顯現、高低隨日所定、日在東而雨在西、或雨在東而日在西、日光射入雨點、遂成為虹、日高虹低、日低虹高、有現出一道者、有現出二三道者、

雲 平

于分切、音云、說文、山川氣也、地球上之濕氣、上騰而為雲、

白雲　雲霞

雲為積霧所成、近或十里、遠或數十里、其狀不一、隨風飄蕩、遇熱氣即散、其積聚成雨者、因密雲重疊、濕氣衆多故也、

雷 平

盧回切、音壘、平去聲、仲春雷乃發聲、雷能震動萬物、故易震卦為雷、巨雷　雷同

雷者電之聲也、故雷發聲、必先見電光者、因電穿過空氣、空氣復合、而有聲發出、譬如放炮、先見火光、而後聞炮聲、

電 去

堂廉切、音殿、電與雷同氣、電从申、雷从回、陰陽以回薄成雷、以申洩成電、掣電　電氣

陰陽暴格、分爭激射、有火生焉、其光為電、其聲為雷、西人究察雷電之理、製各電機以利於用、有乾電濕電磁電等名、

震 去

章刃切、音振、動也、又易卦名、震怒　雷震

雷之甚者為震、即霹靂也、說文劈歷振物者為震、震東方也、故萬物出乎震、易曰震驚百里、

霆 平 上

唐丁切、音廷、雷之餘聲也、雷霆　霆霆

陰陽相薄、感而為雷、激而為霆、又徒鼎切、音挺、埤雅云、霆或謂之電、蓋音廷則為雷、音挺則為電、淮南子疾雷不及掩耳、疾霆不及掩目、是也、

蝕 入

乘力切、音食、日月光虧曰蝕、凡物侵蠹者、皆曰蝕、侵蝕

月繞地轉、至與日相合、且入地日縮短之切線、則月必掩蔽日光、而有日蝕、月繞地轉、至與日相虧、且入地日引長之切線、則月必入地影內、而有月蝕

暈 去

禹愠切、音運、日月有圈形者、謂之暈、月暈　暈氣

地上之氣、騰聚空中、日光直射、則為日暈、月光直射、則為月暈、諺云、月暈而風、礎潤而雨、于未風雨時、而為風雨之先象也、

蝕暈

風 平

方中切、音封、天地之氣動而為風、

仁風　風化

風者、空氣所致也、空氣熱則漲而上升、井後四面冷空氣必流進以補之、比如登高山乘氣球凌風而上、愈高愈冷、每升三百度、寒暑表加冷一度、

氣 去

印既切、音器、氣者、生之元也、在天地曰空氣、在人物曰生氣、

靈氣　氣度

空氣為流行縹緲之物、分淡養二種、淡氣居四之三、養氣居四之一、凡空氣與濕氣、為地球上必不可少之物、若無此二氣、則動物植物皆不能生矣、

晴 平

慈盈切音情雨去
止也
早晴　晴天

說文作姓乃雨而夜除星見也按晴者雨止之通稱晝夜皆然若从夕星會意專訓夜晴非

霽

子計切音擠雨去
晴曰霽
晴霽　霽月

說文雨止也今南陽人呼雨止爲霽

照

之笑切音詔光
也
返照　照臨

說文本作昭明所燭也詩云照臨下土取日光高懸遍照四方無微不至也

明 平

眉兵切音鳴無
微不見曰明
說文照也
明白　光明
又清明節名

易日月相推而明生焉疏日月中時普照天下無物不燭故曰明
又明朝代元而有天下者

朗 上

盧當切音郎上
聲
天朗　朗耀

說文明也朗朗日光明淨也
又聲音清亮曰高朗天氣清明曰天朗讀書嘹亮曰朗誦皆光明高大之意

朔 入

色角切音槊初一日為朔月光復生也
告朔　朔望

說文月一日始蘇也白虎通朔之言蘇也明月更生故曰朔又朔方北方也

朢 去

無放切音妄去聲十五日為朢月光復圓也
仰望　望日

月滿之名也月大十六日月小十五日日在東月在西遙相望也按說文朢月之望作朢瞻望之望作望今通作望而古文制義遂亡

朔望月體明晦圖

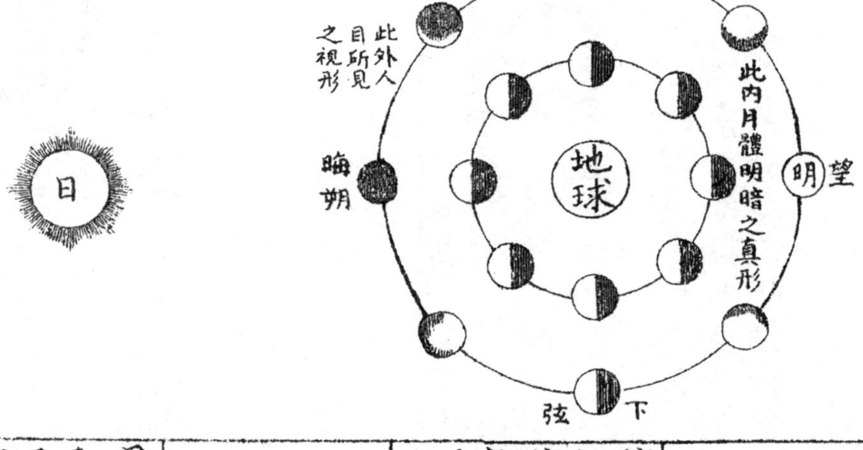

晦 去

呼對切音誨三十日為晦月光都盡也說文晦月盡也
晦明　養晦

晦灰也火死為灰月光盡似之也月體無光借日光而生光至晦日月全被地遮掩不能見日故全無光
又爾雅霧謂之晦

弦 平

戶千切音賢初七八日為上弦廿三四日為下弦月如弓形也
絲弦　弦竹

月體無光待日照而光生半照即為弦全照乃成望
又算法短面為句長面為股相與結角為弦又以絲施於琴瑟而彈之作聲者為弦

旱　去

侯肝切、音漢、天久無雨曰旱、大旱　旱乾

凡荒旱者、或春或秋、五穀不熟、田間乾旱之謂也、

災　平

祖才切、音哉、五穀不熟曰災、水災　災異

爾雅、穀不熟曰饑、菜不熟曰饉、仍饑為荐、俱災異之名也、又天久不雨、田禾枯槁、謂之旱災、大雨不時、五穀淹沒、謂之水災、

冷　上

魯杏切、音令上聲、初寒也、寒冷　冷風

說文、从仌令聲、寒也、泠乃水名、又天氣最冷、日氣極熱、故去日近者則熱、去日遠者則冷、別作泠非、

暖　上　平

乃管切、音煖、温也、亦作㬇、温暖　暖日

月令、行春令、暖風來至、又許元切、音暄、柔貌

温　平

烏魂切、音蘊、和暖之氣也、又色和曰温、温柔　温故

月令、季夏、温風始至、地球距赤道南北二十三度半為温帶、又水名、說文、温水出犍為涪南、入黔水、今四川合江縣、

涼　平

龍張切、音良、薄寒也、清涼　涼風

說文、薄也、月令、孟秋之月、涼風至、詩經、北風其涼、皆寒涼之意、又州名、荊梁雍豫徐揚青兗冀九州、嗣漢武帝改雍州為涼州

年 平

奴顛切、音撚平聲、十二月為一年、

豐年　年紀

一年之內、二十四氣、節氣在前、中氣在後、中氣帀則為歲、節氣帀則為年、爾雅周名歲曰年、郭注取禾一熟之義、

時 平

市之切、音蒔、天有四時、春夏秋冬是也、

時令　四時

天文訓三月而為一時、以十二月為四時、又辰也、十二時為一日、西人以一點鐘為一小時、

歲 去

相銳切、音悅、四時一周為一歲、

歲星　太歲

歲即年也、夏曰歲、取四時一終、殷曰祀、取物終更始、周曰年、取禾一熟、三代之名不同、而各有意義、又歲星、即木星也、每年周行一次、

候 去

下遘切、音後、時候猶時日也、

伺候　時候

候伺望也、又訪也、又候人道路迎送賓客之官、即今之驛吏是也、引伸為節候氣候之候、

閏 去

如順切、音潤、中國閏月、西國閏日、

歲閏　閏月

中歷三百五十四日為一年、其餘日積而為閏月、故三年一閏、五年再閏、西歷三百六十五日為一年、餘六小時、積四年而成一日、故四年而一閏、

期 平

渠之切、音其、時也、約時曰期、

相期　期望

說文期會也、又要約也、又居之切、音姬、通作朞、凡三百有六十當期之日、又喪服一年者曰期服、期月、帀月也、期年、周年也、

四時運行圖

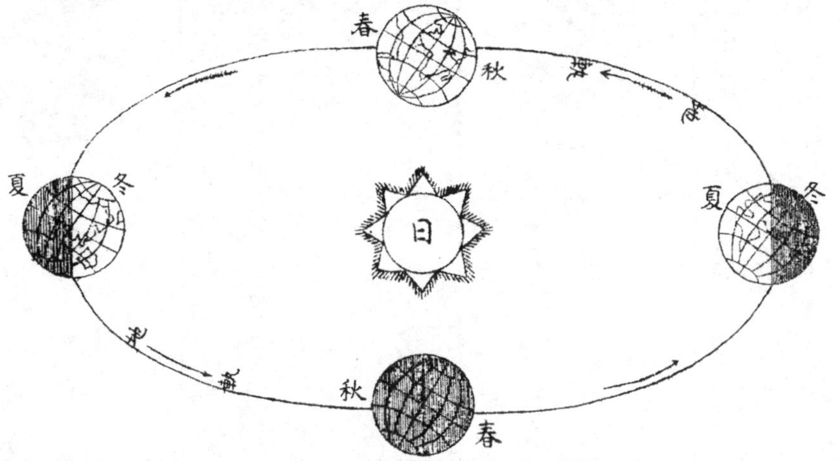

漏 去

郎豆切，音陋。漏刻，報時之具也。又屋漏。滴漏　漏聲

古以銅壺受水，刻節晝夜百刻，以報時，謂之漏刻。今西法用時辰鐘，分十二時為九十六刻，四刻為一點鐘。

刻 入

乞得切，音克。時刻也。又刻薄。精刻　刻期

刻，漏也。鍥漏箭以候日晷為刻，故因為晷度曰刻。說文：鏤也。爾雅：木謂之刻，象謂之削，骨謂之磋，玉謂之磨，皆雕鏤之意。

紀 上

居理切，音己。十二年為一紀。

五紀：一曰歲，二曰月，三曰日，四曰星辰，五曰曆數。又紀者，記也。本其事而記之，謂之紀。兩都賦敘：甘露黃龍之瑞，以為年紀，即取其記瑞之意。

歷 入

狼狄切，音力。曆，象也。曆以日為主，故从日。今通用歷。時歷　歷數

歷者，筭日月行道所歷，計氣朔早晚之數，所以為一歲之歷。中歷照月筭，每年分三百五十四日；西歷照日筭，每年定三百六十五日。

春 平

樞倫切，音蠢，平去聲。四時一曰春。

春日　新春

春為歲之首。律歷志：陽氣動物，於時為春。春者，蠢也，萬物蠢動生也。爾雅：春為青陽。郭璞註：氣青而温陽。

夏 上

亥駕切，音暇，四時二曰夏。

華夏　夏楚

夏者，假也，寬假萬物使生長也。又亥雅切，音下。中國曰華夏。又夏朝，禹受舜禪，易虞為夏。又爾雅：夏為朱明。郭璞云：氣赤而光明。

秋 平

七由切，音鰌，四時三曰秋。

九秋　秋收

秋者，就也，言萬物成就也。萬物生於春而成於秋，故曰秋成。又四月為麥秋，九月為三秋。又爾雅：秋為白藏。郭璞注：氣白而收藏。

冬 平

朝宗切，音篤，平去聲。四時四曰冬。

三冬　冬藏

說文：四時盡也。天氣上騰，地氣下降，天地不通，閉塞而成冬。爾雅：冬為玄英。郭璞註：氣黑而清英。

晝 去

陟救切，音咒。日出為晝。

白晝　晝長

說文：日之出入，與夜為界。本从晝省作日。地球對日有光而明為晝，背日無光而暗為夜。

夜 去

寅射切，音耶，去聲。日入為夜，與晝對也。

永夜　夜光珠名。

晝漏五十刻，夜漏五十刻。晝長則夜刻短，夜長則晝刻短。又宣夜，窺天之器也。

干 平

居寒切音竿、十干為歲陽、
干犯　天干

自甲至癸為天干、十干、天也、十二支地也、干支配天地之用也、本作幹、廣雅甲乙為幹、說文干犯也、干求也、

支 平

旨而切音巵、十二支為歲陰、
地支　支派

自子至亥為地支、說文支去竹之枝也、从手持半竹狀、俗作攴非、又與肢通、四肢手足也、

甲 入

古洽切音夾、草木初生之莩子也、十干之首、
甲子　鎧甲

甲屬木、故草木初出曰甲坼、又社日用甲、用日之始也、又保甲、十户為甲、五甲為團、又兵甲、攷工記函人為甲、又蟲介曰甲、又太歲在甲曰閼逢、

乙 入

益悉切音鳦、十干名、東方木行也、
太乙　乙藜

乙屈也、象草木屈曲而出也、故乙屬木、又魚腸謂之乙、又凡讀書以筆志其止處曰乙、又歲在乙曰旃蒙、

丙 去

補永切音炳、十干名、
丙穴　丙舍

說文丙南方之位也、南方屬火、而丙丁適當其處、故有文明之象、又魚尾謂之丙、又歲在丙曰柔兆、

丁 平

當經切音玎、十干名、丁承丙象人心、屬火、
人丁　丁壯

說文夏時萬物皆丁實、丁蠆尾也、凡造物必以金木為丁附著之、因借為丙丁字、又魚枕謂之丁、又歲在丁曰彊圉、又兵丁民丁祖丁、

戊 去

莫候切、音茂、十干之中也、

太戊　戊辰

戊、戊茂也、物皆茂盛也、故戊屬土、按五代史梁開平元年、改日辰戊字為武、避諱也、後人讀戊音為務音、其謬始此、又歲在戊曰著雍、

己 上

居里切、音紀、身也、十干名、己承戊、象人腹、屬土、

自己　人己

說文、己、中宮也、象萬物辟藏詘形也、又對人而言曰彼己、又歲在己曰屠維、

庚 平

古衡切、音賡、十干名、

年庚　庚帖

說文、庚位西方、象秋時萬物庚庚有實也、又庚猶更也、事之變也、又長庚星名、即太白星、又年齒亦曰庚、又歲在庚曰上章、

辛 平

斯鄰切、音新、十干名、辛承庚、象人股、

酸辛　辛勤

辛、新也、言萬物之新成也、白虎通、金味所以辛者、西方煞傷成物、辛所以煞傷之也、故辛又訓痛、又元旦薦五辛盤、取迎新之意、又歲在辛曰重光、

壬 平

如深切、音任、十干名、壬位北方、屬水、

僉壬　仲壬

壬、任也、言陽氣任養萬物於下也、又與任同、佞也、又歲在壬曰玄黓、

癸 上

左委切、音規上聲、十干名、癸承壬、象人足、

帝癸　癸水

癸、揆也、言萬物可揆度也、又癸者、歸也、於時為冬、方在北、五行屬水、五運屬火、又歲在癸曰昭陽

子

上

祖似切音梓、息也、嗣也、十二支之首、屬鼠、五行為水、子孫 天子
十一月為子月

十一月夜半、陽氣所起、人承陽故稱子、篆文象小兒初生在繈褓中、
人君父天母地曰天子、天子之子曰元子、
又歲在子曰困敦

丑

上

齒久切音醜、十二支名、屬牛、五行為土、
十二月為丑月

丑、紐也、萬物孳萌於子、紐芽於丑、篆文象小兒初生舉手狀、
又歲在丑曰赤奮若

寅

平

弋真切音夤、十二支名、屬虎、五行為木
正月為寅月
寅恭 同寅

寅、引也、萬物發引始出也、說文作寅、从宀、八象人身、从臼、象手自朿約狀、故寅又訓敬、
又歲在寅曰攝提格

卯

上

莫飽切音昴、十二支名、屬兔、五行為木、
二月為卯月
點卯 卯名

卯、冒也、萬物冒地而出也、篆文象開門狀、故二月為天門、
又茂也、言陽氣生而孳茂也、
又歲在卯曰單閼

辰

平

丞真切音晨、十二支名、屬龍、五行為水土
三月為辰月
生辰 時辰

辰、伸也、萬物伸舒而出也、
說文、辰震也、三月陽氣動雷電振民農時也、故農字从辰、
又歲在辰曰執徐

巳

上

洋子切音似、十二支名、屬蛇、五行屬火、
四月為巳月、

說文、巳、已也、四月陽氣已出陰氣已藏萬物已畢達也、
又歲在巳曰大荒落、

午

上

疑古切，音五，十二支名，屬馬，五行為火，五月為午月

端午　午夜

說文：午，仵也，五月陰氣仵逆陽氣冒地而出也，一縱一橫曰旁午，猶言交互也，

又歲在午曰敦牂，

未

去

無沸切，音味，十二支名，屬羊，五行為土，六月為未月

未來　未曾

說文：未，味也，六月百果滋味具也，五行木老於未，象木重枝葉之形，

又未，昧也，日中則昃向幽昧也，

又未，猶不也，未有即不有也，

又歲在未曰協洽

申

平

失人切，音身，十二支名，屬猴，五行為金，七月為申月

申詳　奉申

申，伸也，物皆成其身體，各伸束之，使自然也，

又申申，其容舒也，

又歲在申曰涒灘

酉

上

云九切，音牖，十二支名，屬雞，五行為金，八月為酉月，

說文：酉，就也，八月黍成，可以酎酒，

又秀也，秀者物皆成也，於易為兌，史記：酉者，萬物之老也，

又歲在酉曰作噩，

戌

入　戌

雪律切，音恤，十二支名，屬犬，五行為土，九月為戌月，

說文：戌，滅也，九月陽氣微，萬物畢成，陽入下地也，五行土生於戊，盛於戌，故戌从戊含一，

又歲在戌曰閹茂，

亥

去

下改切，音頦，十二支之末，屬豕，五行為水，十月為亥月，

說文：亥，荄也，十月微陽起，接盛陰，从二人，男女也，从乙，象裹子咳咳之形，亥而生子，復從一起，故又訓孩，又通作核，言物成皆堅核也，

又歲在亥曰大淵獻

宇

上

于矩切，音禹。簷下曰宇。

覆宇 宇宙

說文：宇，屋邊也。又方也。四方曰宇，如尸子天地四方曰宇是。在屋則檐邊為宇，於國則四垂為宇。

宙

去

直祐切，音胄。又持御切，音住。義同。

說文：下覆為宇，上奠為宙。淮南子：往古來今謂之宙。又居也。凡宇宙之居萬物，猶人之居室也。

上

上 去

時亮切，音傷上聲。自下而上曰上。

天上 上座

說文：从一从丨，丨在一上，引而上行之義也。凡位之尊者皆曰上。又上下之上，對代而言也。

下

去 上

亥雅切，音霞上聲。自上而下曰下。

膝下 下樓

說文：从一从丨，丨在一下，引而下行之義也。凡位之卑者曰下。地之卑者亦曰下。又為上之對面。

高

平

古牢切，音餻。仰而望者曰高。

高大 崇高

說文：从古从冋，古為臺觀之形，冋象基地之形。凡物之不可攀者曰高，如崇高之高、高明之高，皆此意也。

低

平

都梨切，音底平聲。卑下之極曰低。

高低 低窪

卑下也。凡水之就下者曰低，聲之小而矮者曰低，地之卑而且下者為低。又與高字為對待也。

前 平

才仙切，音錢。列於最先曰前。

前後　尊前

進也。說文會意。古文从止在舟上。人在舟則無庸自行而自進也。凡人之處於先事之成已往者皆曰前也。

後 上 去

很口切，音候。上聲。物次於先曰後。

先後　後生

說文彳小步也。幺小也。夂行曳杖也。三者均有遲留之意。故曰後。與先字前字均屬對面之字。

縱 平 去

子用切，音蹤。去聲。人之恣意曰縱。

放縱　縱橫

說文从糸縱理之治。不理則縱。故人之恣意者曰縱。又物之橫者為橫。直者為縱。

橫 平

胡盲切，音黌。物之經者為縱。緯者為橫。

縱橫　橫絕

戰國時約縱連橫。縱則為立。橫則為橫也。又南北曰縱。東西曰橫。又轅端衡木曰橫。

左 上

子我切，音佐。下手曰左。

相左　左右

古人尚右。以右為上。今人尚左。以左為上也。東方亦為左。又姓也。左邱明之傳曰左傳。後晉杜預酷嗜左傳。號曰左癖。

右 去

奚救切，音宥。與左相對者曰右。

尚右　右足

禮上於東階則先右足。蓋尚右也。古人尊右而卑左。故以右為上也。如豪右之右。則又有强義焉。

旁 平

勃昂切、音龐、兩側曰旁、
旁邊　偏旁

凡物之側面曰旁、故字之半面在左者則曰偏旁、書之注釋於兩邊者則曰旁訓也、至於旁若無人及袖手旁觀等語、究其旁字之義、亦莫不如是焉、

側 入

札色切、音昃、物之居於旁者曰側、
反側　側視

凡物之不正者曰欹、不中者曰側、故旁室曰側室、旁階曰側階也、如側目則斜視不正、反側則輾轉不安、又其餘意也、

邊 平

蒲焉切、音編、中之對也、
屋邊　邊徼

物之外弦曰邊、諺云中邊俱徹、邊即旁也、如地之邊弦曰邊遠邊塞、物之邊弦曰旁邊、中邊俱係旁之義焉、

中 平 去

陟隆切、音忠、不偏曰中、
中的　至中　中外
音衆、射而中鵠曰中、
命中

說文訓和、从丨从口、丨居乎中、口象四方、而中央以丨界之、得四方中和之氣也、不偏之謂中、則爲至中不歪之謂也、

央 平

於良切、音秧、凡物居中謂之央、
中央　夜央

東南西北之中曰中央、取其正當得中之義、說文從大从冂、亦取其居中之義也、又央明也、如詩夜半曰夜未央之央是、又託也、如俗稱託人爲央人是、

正 平 去

之盈切、音征、晝布曰正、
正鵠
音政、不偏不倚謂之正、
正已

必也正名、懼名之不順也、樂正司正之名官、亦取其匡正之義、若夏小正王正月、則又有爲首之義焉、

晨 平

丞真切，音辰。天初明也。

清晨　晨昏

說文作晨，早昧爽也。从臼从辰，辰時也。又晨，伸也。旦而日光復伸見也。晨昏定省，清晨，皆言早也。至晨鐘暮鼓，又有警惕之戒焉。

鷄鳴清晨

昏 平

呼昆切，音閽。不明也。

黄昏　昏瞶

說文曰：冥也。日入三刻為昏。淮南子曰：至虞淵是謂黄昏，至於蒙谷是謂定昏。又昏亂，言人不明事理而妄作也。

犬守昏夜

昭 平

之遙切，音招。光也，明也。

光昭　昭明

說文曰：明也。又昭穆，宗廟之中，左為昭，右為穆，所以別父子、遠近、長幼、親疏之序也。又昭明，光明之貌。昭昭，灼見之貌也。

昧 去

莫佩切，音妹。暗昧，不明也。

愚昧　昧爽

昧，冥也。日入於谷而天下冥，故曰昧谷。昧谷，日歸宿之所也。書云：宅西曰昧谷。又昧爽，天將明也。晦冥謂之昧，未明謂之爽。

儀

平

魚羈切，音宜。兩儀，天地也。三儀，天地人也。又威儀，人之儀容也。又象也，法也。

儀者，測天之器也。中國用渾儀，即天球也。將星宿度位及天河之方向與黃道等，畫於球面，下托以架。今北京星臺上有一大天球，為二百年前所造者。西國用子午儀，大半為測日月星宿過子午圈時，以定度時表之時刻。又有經緯儀，凡測二物之距度或一物之高度，皆可公用。又有紀限儀，此器用處，可測一物高於地面或海面度數，或二物相距度數，比子午儀經緯儀更便於用。

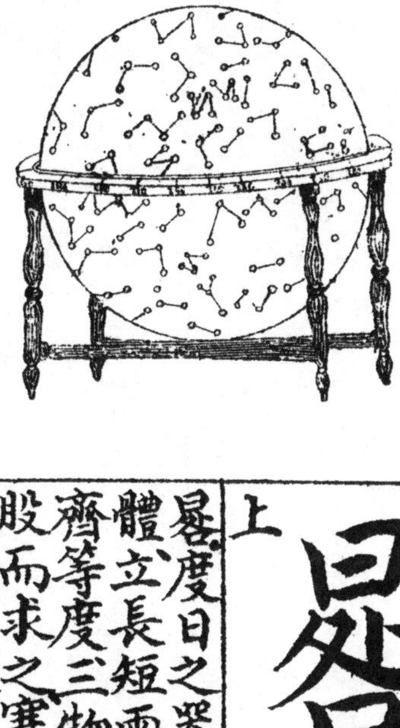

儀

曉

上

馨鳥切，音囂上聲。日初出曰曉。

報曉　曉箭

說文，明也。又日白也。又曉諭，猶通知也。通曉，猶明白也。

晷

上

古委切，音軌。說文，日景也。

晷影　日晷

晷，度日之器也。法以望高處為體，立長短兩竿為用，二竿與高齊等，度三物兩間修短若干，句股而求之，寒暑長短，自見。今以羅盤代之。

日晷

潮 平

直遥切、音晁、晝潮曰潮、

寒潮　潮頭

汐 入

祥亦切、音席、晚潮曰汐、

潮汐

寒 平

河干切、音韓、冬時也、說文凍也、大寒小寒節名、

貧寒　寒素

潮汐者、乃海面之水、每經一太陰日二次迭為起落者也、取其均數言之、自水高至漲足時、歷十二點鐘二十五分二十四杪、惟近朔望二日、潮最大、近二弦之日、潮最小、其高低不但與月之朔望有關、且隨月距地之遠近而變、朔望之潮固高、若月距地近處則更高、二弦之潮固低、若月距地遠處則更低矣、

日月運行、一寒一暑、寒暑相推、而歲成焉、地球以南北極為最寒、故距兩極二十三度為寒帶、又寒儒家寒、俱貧窘之稱、

暑 上

舒呂切、音鼠、夏月也、說文熱也、大暑小暑節名、

消暑　暑月

暑者煮也、言熱如煮物也、寒來暑往、言寒暑之遞嬗、酷暑盛暑、言暑氣之薰蒸、至於避暑退暑等類、則又人望而畏之、且避之者也、

早 上

子皓切、音遭上聲、日初出也、通作蚤、

清早　早朝

說文晨也、又先也、又與皁同、皁物、杼栗之屬、按說文作𣅉、从日在甲上、

晚 上

武遠切、音挽、時遲也、日夕曰晚、

早晚　晚晴

說文晚莫也、从日免聲、古作冕、言日已西下也、俗稱晚生晚輩、皆自謙之辭、

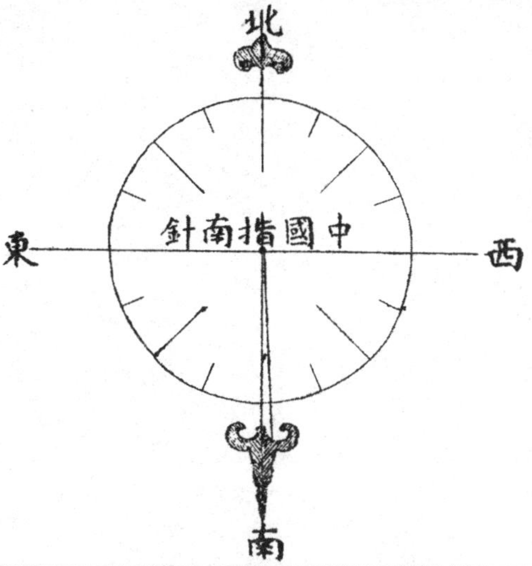

東　平

德紅切音蝀、東方日出之所也
日本國為東洋
東方　丁東

日在木中曰東、東方屬木、日在木中、象日初出狀。說文動也、東方曰動方、萬物發生之所也、故於時為春。

南　平

那寒切音男、南方屬火、
南方六星、
名　指南、　南正官

南之言任也、陰任陽事、助成萬物也、故於時為夏。說文、草木至南方有枝任也、白虎通南方者任養之方也、任祍古通用。

西　平

先齊切音栖、西方屬金、
泰西西洋諸國也
東西　西風

說文作𠧧、象鳥在巢上也、在西方而鳥栖也、西之言遷也、陽氣遷落物、故於時為秋、又西方稟肅殺之氣、故其屬金、其氣閉藏也。

北　入

必勒切音綳入聲、北方屬水、
北斗七星
敗北　北方

說文乖也、从二人相背狀、二人相从為比、二人相背為北、北之言伏也、陽氣伏於下、故於時為冬、又北面而朝、言臣事君當北面也。

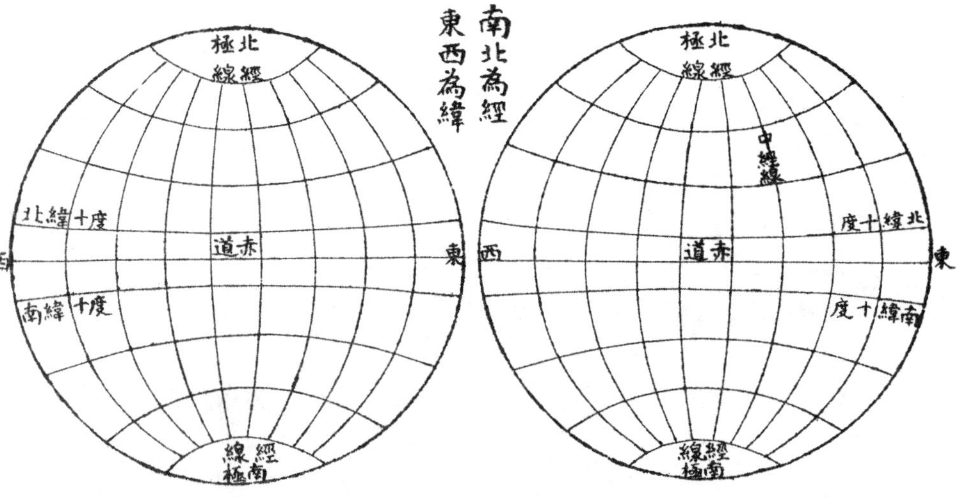

經

平

堅靈切、音金、南北之道謂之經

經籍 授經

地球、自北至南之線為經線、經線即直線也、說文經織也、經者道之常也、又徑也、如徑路無所不通、可常用也、

緯

去

于位切、音位、東西之道謂之緯

經緯 緯度

地球自東至西之線為緯線、緯線即橫線也、說文緯橫絲也、五緯即五星也、二十八宿隨天左轉為經、五星右旋為緯

度

去

獨故切、音渡、法制也、又丈尺也、徒落切、音鐸、裁度也、謀也、

器度 度量

地球、經緯共分三百六十度、每度二百里、計六十分、每分六十秒、全球周回七萬二千里、直徑二萬四千里、周天三百六十五度、日行一度、月行十三度、

數

去

朔茹切、音素、一至十、加減之名也

算數 數學

周髀即數學之祖、數學算學也、西人有代數及八線表、中人有勾股等、俱算學也、又一至十而百、而千、而萬為數目之名也

去

大

度奈切、音汏、小之對也、他蓋切、音泰、大和大極、

域中四大、天大地大道大王亦大、天地者、形之大、陰陽者、道之大、

平

清

七情切、音青、淨而無塵曰清、大清、本朝國號、

大清全國、統二十二省、居地球亞洲之東、共一京五兆方里、生民四百兆衆、又有內外蒙古青海西藏屬地、計四京五兆方里、

京 平

居卿切、音驚、北京 南京 燕京 京城

天子所居曰京師、京大也、師衆也、天子之所居、地大而民衆也、本朝以順天府為京都、曰北京、前明以金陵省為京都、曰南京、

都 平

竹汚切、音杜平聲、帝都也、 定都 都邑

天子所居之城曰都城、左傳、都城不過百雉、此都城之制也、又天子新立都城曰建都、天子移居曰遷都、

京城圖

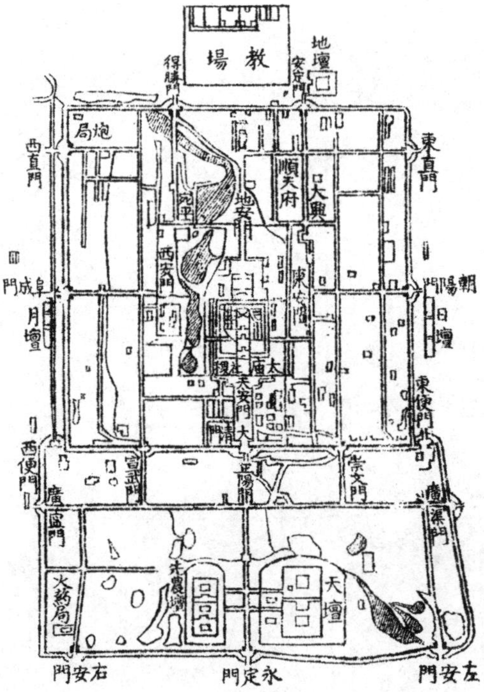

順 去

食閏切，音盾，去聲。無違曰順。

從順　順理

順天府，即今北京，其地居直隸全省之中。明永樂始建都於此，本朝仍舊趾也。領五州十九縣，有鐵路通至大沽口，往來甚便。

直 入

除力切，音直，曲之對也。

正直　直隸

京都所在曰直隸省，言經屬于天子也。地勢西北高而東南低，河海有二道高口岸焉。

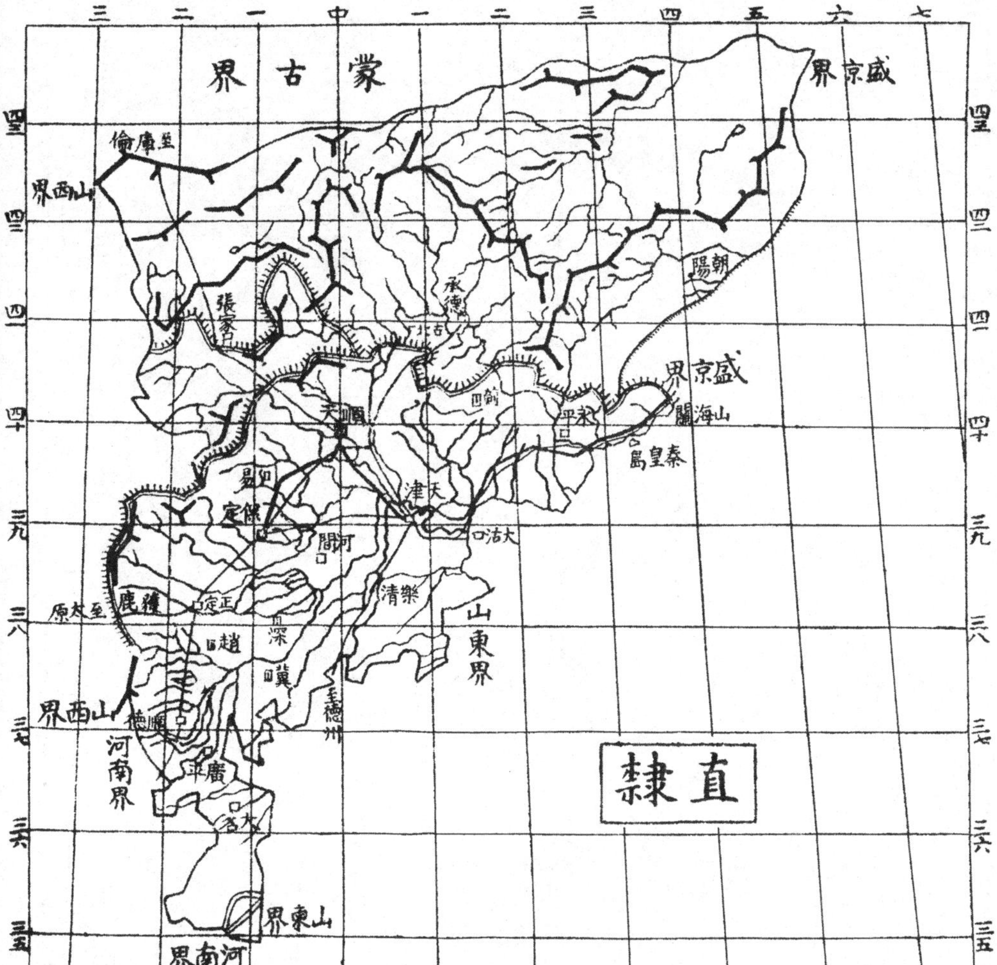

去

奉

父勇切音俸、兩手與物曰奉承也、房用切音俸秩祿也、

上

奉天府為盛京之省城領四廳三州四縣有鐵路自牛莊至吉林

遼

平

憐肖切音僚遠也、

薊遼 遼燕

盛京即古遼東地有遼河流貫全省遼水東為順天府境遼水西為錦州府境

吳 平

午胡切音吾、三吳國名、吳楚 吳姬

水經以吳興吳郡會稽為三吳指掌圖以蘇常湖為三吳其說不同按今江蘇省即古吳地其通商口岸、四上海南京鎮江蘇州

蘇 平

素古切音蘇草名又死而復生也 姑蘇 蘇甦

江蘇省在山東之南、西界安徽南界浙江東界海領八府四廳六州六十二縣省城為蘇州府為內地通商口岸

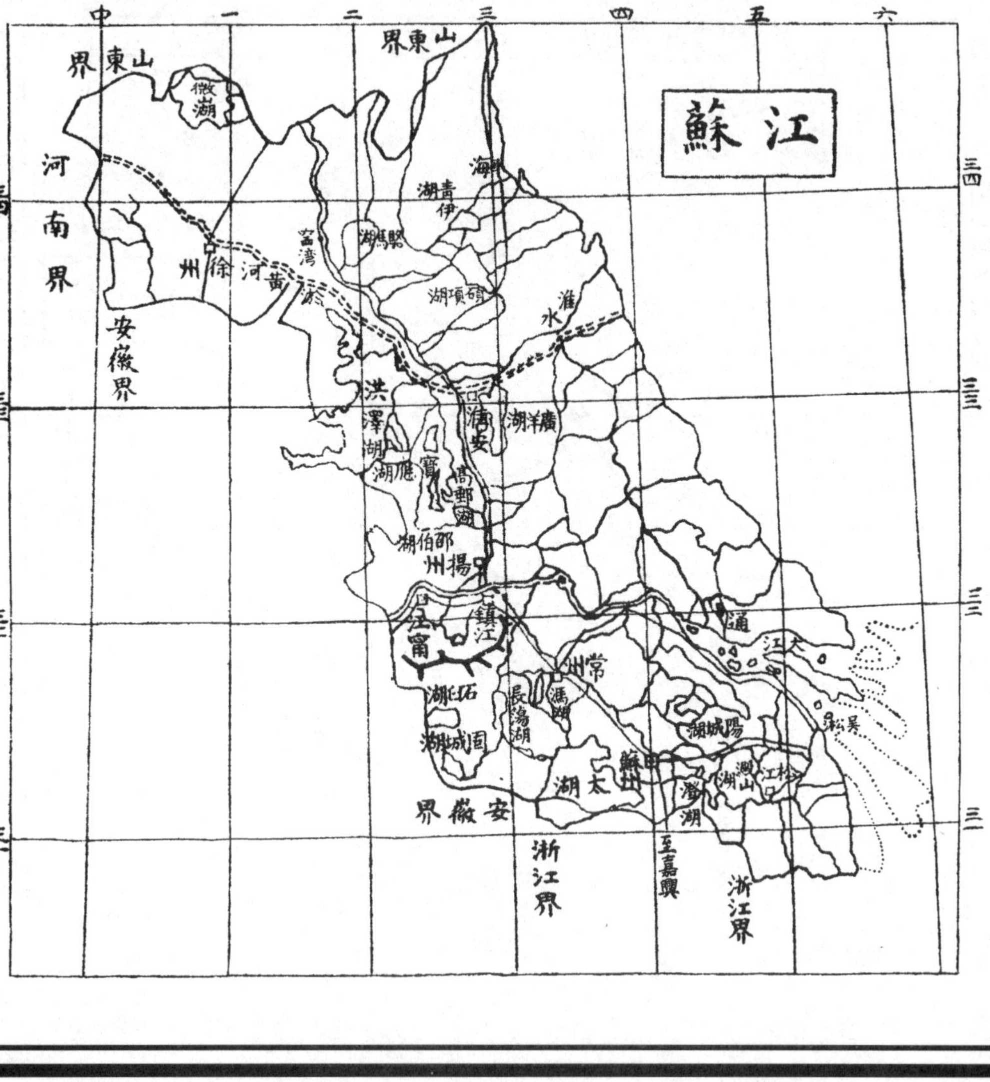

皖 平

胡官切音桓皖南皖北地名二皖皖江

春秋時之皖國漢改為皖縣縣西有皖山皖水即今安慶府地安徽全省隔江中分為二大江以南曰皖南大江以北曰皖北

徽 平

許歸切音揮美也徽音徽章

安徽省在江蘇之西南河南湖北之東江西之北領八府一廳八州五十二縣省城為安慶府貼近揚子江北濱其蕪湖為長江通商口岸

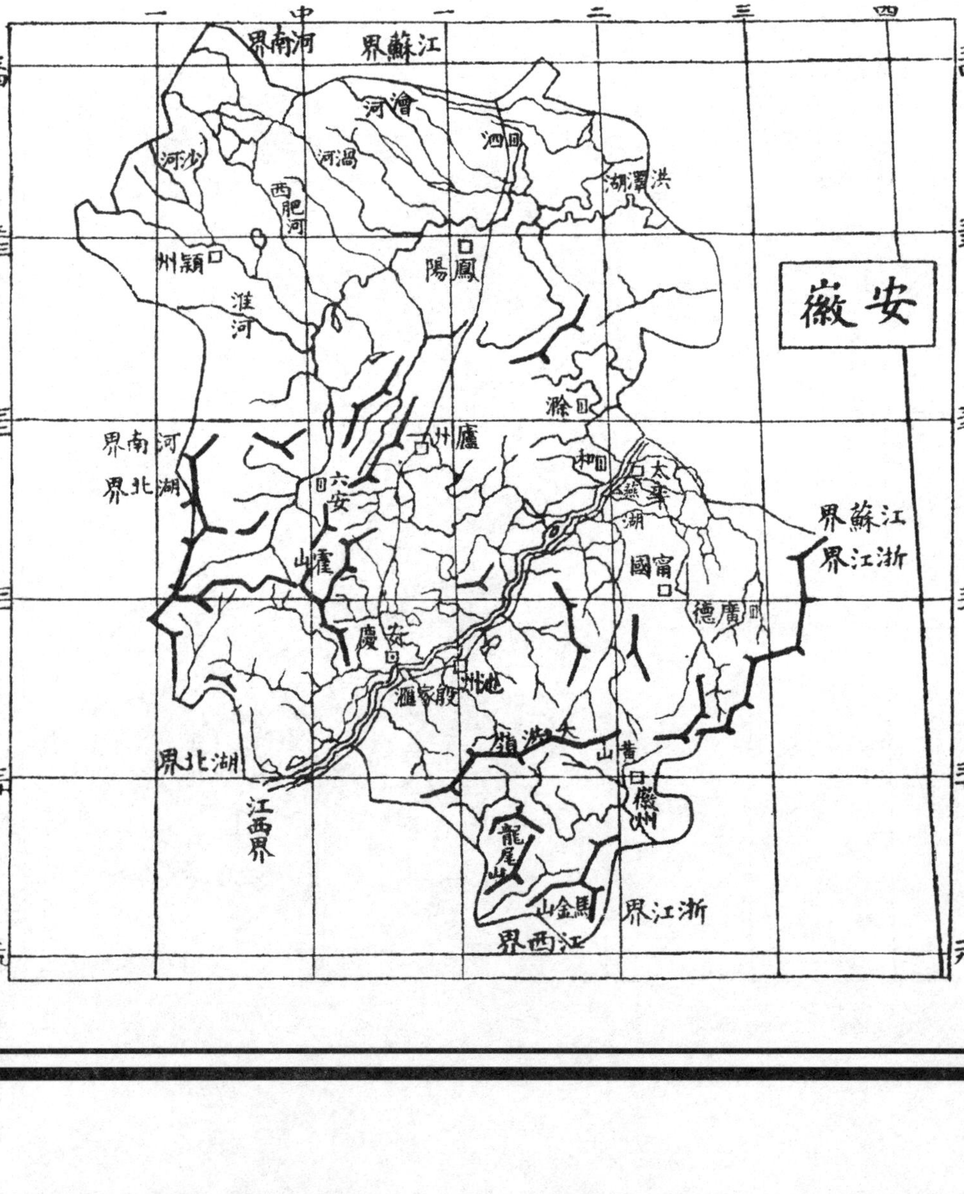

章 平

諸良切，音彰。斐然成章也。章句 文章

豫章，今之江西省也。南界五嶺之脊，西衡湘衡之腰，山嶺環繞，大川中貫，北滙鄱陽入江。省城南昌府在湖之南，湖之北即爲通商口岸。

贛 去

古暗切，音紺。水名。豫贛 古送切，音貢獻也。通作貢，或作贑。贛直

贛水出豫章郡，即今江西贛州府贛縣地。章貢二水合流其處，故以爲名。又他國之賓服者，則歲時有貢，言貢獻其國之土產貨物也。

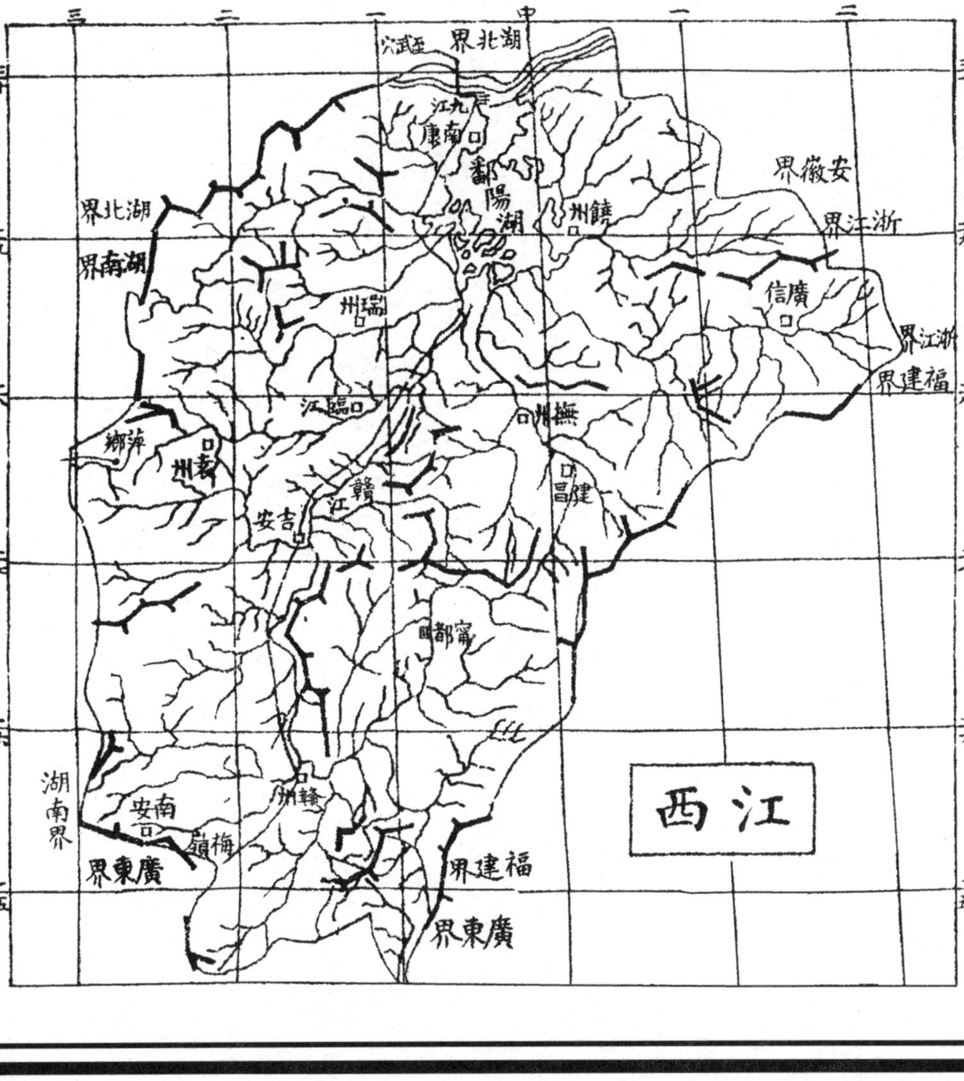

浙 入

之列切，音折。折也。浙江因潮出海而曲折入江，故名。

江浙　浙閩

浙江省，在安徽之東，北界江蘇，南界福建，東界海。領十一府，三廳，一州，七十五縣。省城杭州府，為內地商埠；其寧波、溫州為沿海通商口岸。

越 入

王伐切，音粵。國名。

越東　越過

浙江古稱越國，時勾踐在越為王，紹興府即其故都。

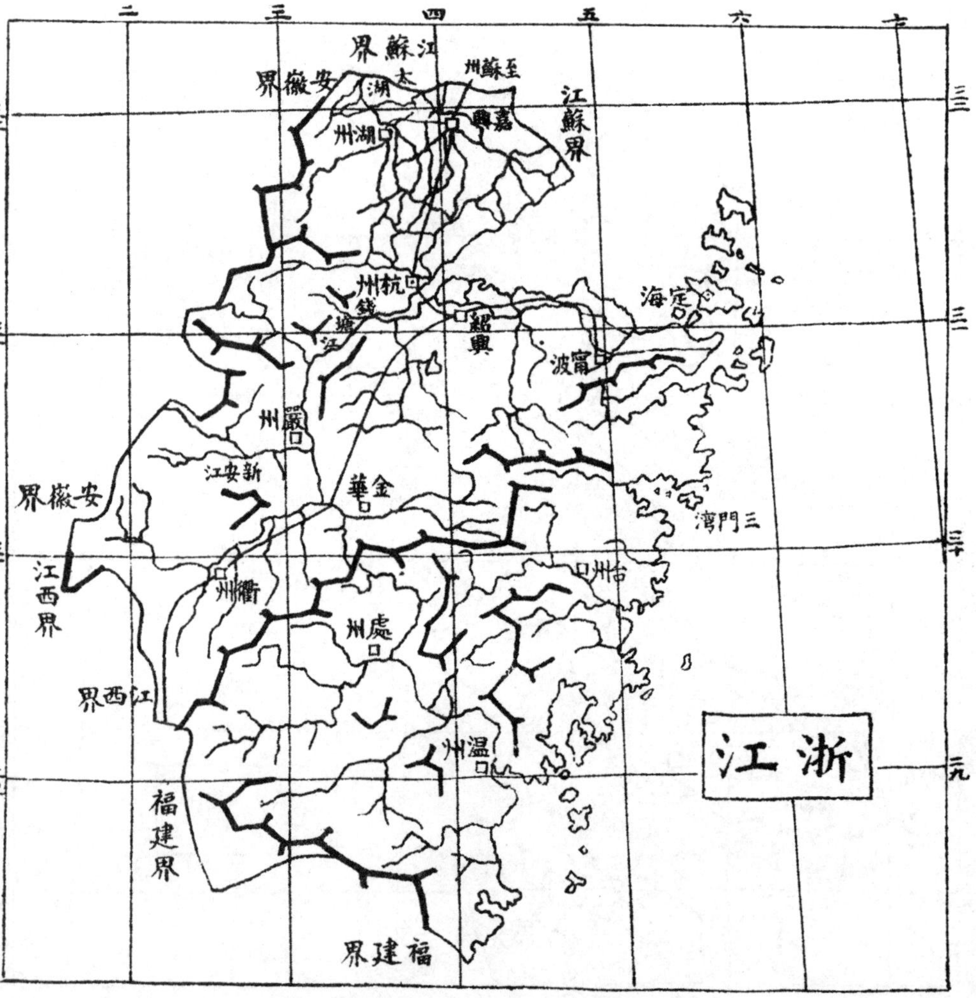

閩 上

說文閩東越蛇種也、故从門从虫、今福建省即古閩越地、有閩江、為全省之命脈、過江而東、即臺灣澎湖諸島、前隸中國、今為日本佔據

眉貧切音珉、閩者東南越種也、史記有閩越王名無諸、閩越浙閩

建 去

紀偃切音揵上聲、豎立也、建立　建樹

福建省在浙江之南、西界江西、東界臺灣海岔、南界廣東、領九府三廳二州、五十八縣、省城福州府、臨閩江口、為全省之門戶、其通商口岸三、福州、廈門、福寍

楚 上

創阻切，音粗，上聲。國名。又蘩木也。又夏楚，刑具也。

荆楚　楚江

史記三楚。禹貢荆州之域。今湖北省，即古楚地。北界河南，東界安徽，西界四川，南界湖南。領十府、三廳、八州、六十縣。其漢口、宜昌、沙市，為長江通商之埠。

鄂 入

五谷切，音諤。地名。

兵鄂　鄂渚

武昌府為湖北之省城，即楚之鄂地，故別號鄂渚。地臨揚子江，與漢陽府漢口相對峙，為通商之衝要。

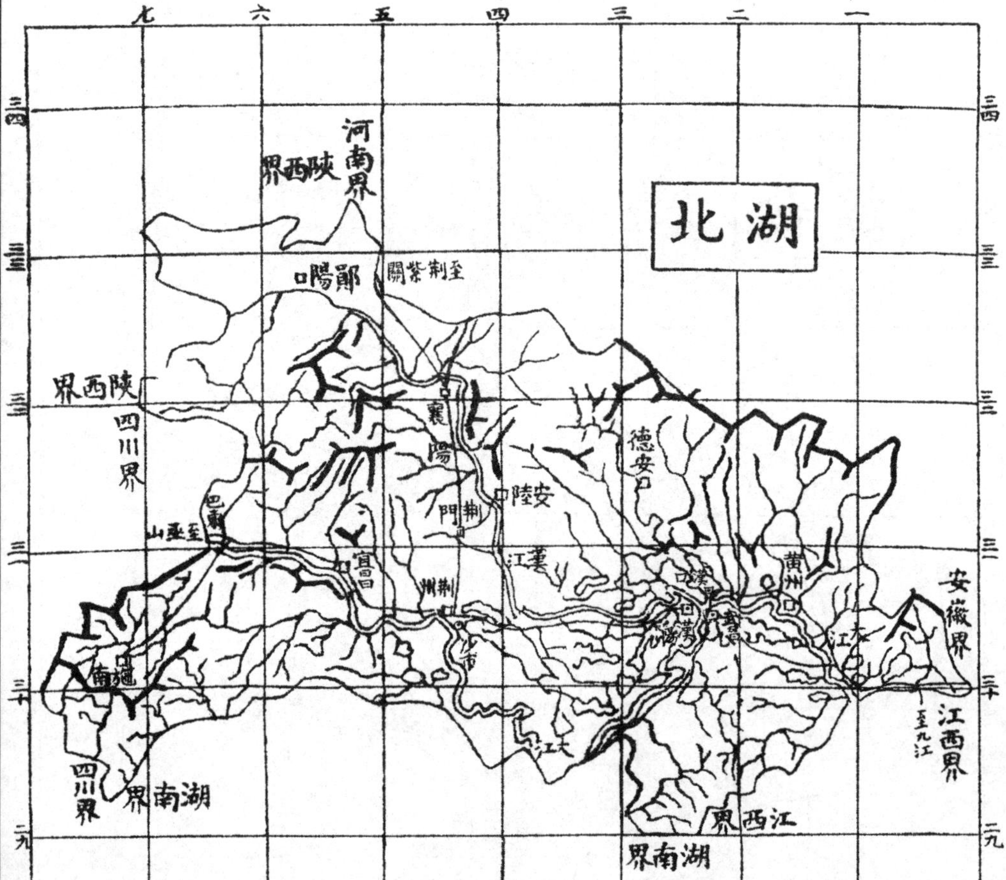

湘 平

息浪切、音襄、水名、三湘　湘妃

湖南省在湖北之南、東界江西、西界四川貴州、領九府八廳七州六十四縣、首城長沙府、即古湘州地、别號三湘、其地出竹、竹上班點班爛、名湘妃竹、

沅 平

愚遠切、音元、水名、沅蘭　沅水

說文、沅水源出牂牁、沅江在湖南省、貫湖南省之西北、縱橫西布、流入洞庭湖、

去

豫

羊茹切，音預。安也，悅也，又獸名，象類。猶豫、豫立

古豫州為今河南省地，北阻太行，西扼崤函，領九府六州四直隸州九十六縣，以地處各省之中，故亦稱中州。

去

汴

皮變切，音卞，水名。汴梁、汴水

汴水，源出河南開封府滎陽縣北，流入黃河。開封府即戰國時之大梁，周改汴州，故曰汴梁。

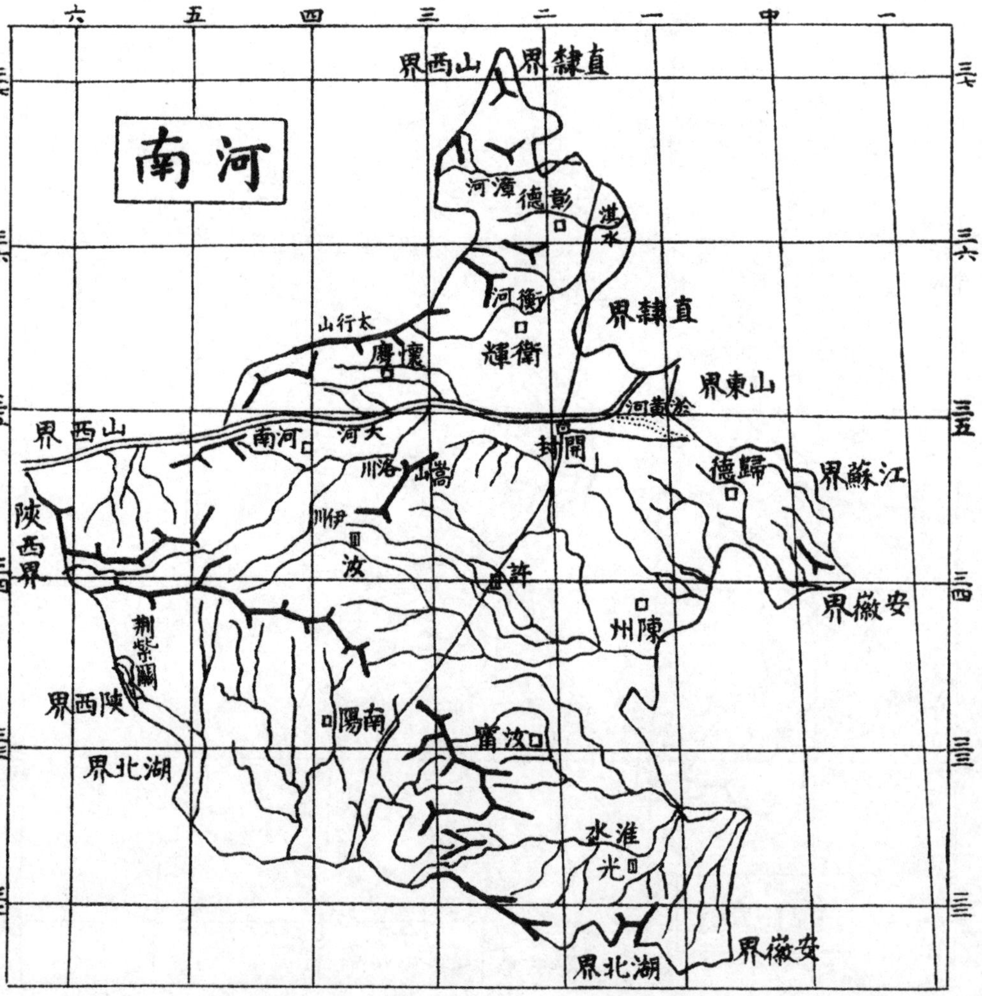

齊 平

徂兮切、音臍、不亂之對稱也、齊整　青齊

齊國、今之山東省也、山東沿海有通商口岸、曰登州府之威海衛、萊州府之膠州灣、英德新立租界焉、

兗 上

以淺切、音沿上聲、地名、州名、青兗　兗州

禹貢、濟河惟兗州、即今山東地、孔子生於兗州之曲阜縣、孟子生於兗州之鄒縣、又荆梁雍豫徐揚青兗冀爲九州

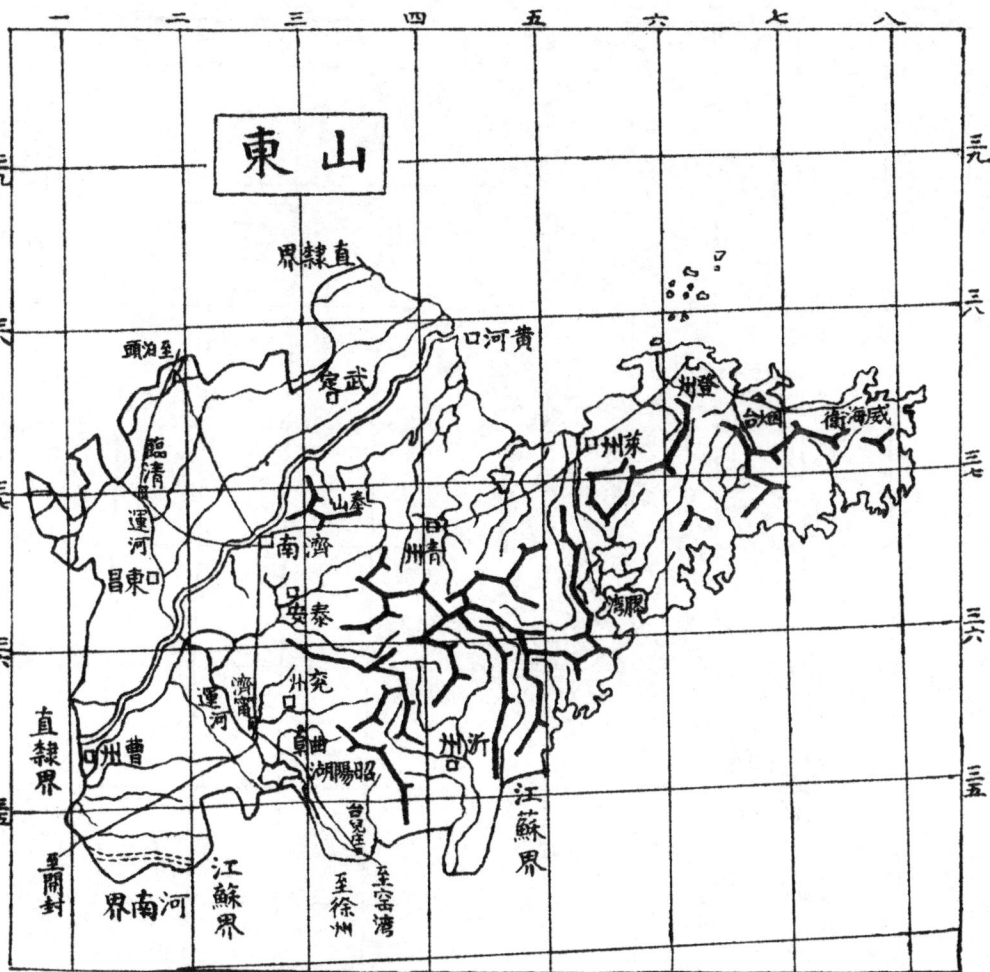

去

晉

即刃切音進、國名、又進也、
三晉 晉湯

周成王封叔虞於堯之故墟、曰唐侯、其地有晉水、後改為晉國、即今山西太原府地、故別號晉陽、

平

汾

符分切音墳
汾沛 汾陽
河汾

汾水為山西之大川、發源于山西省之北境、經省城太原府西南入河、其支幹所經過處、皆成沃壤、

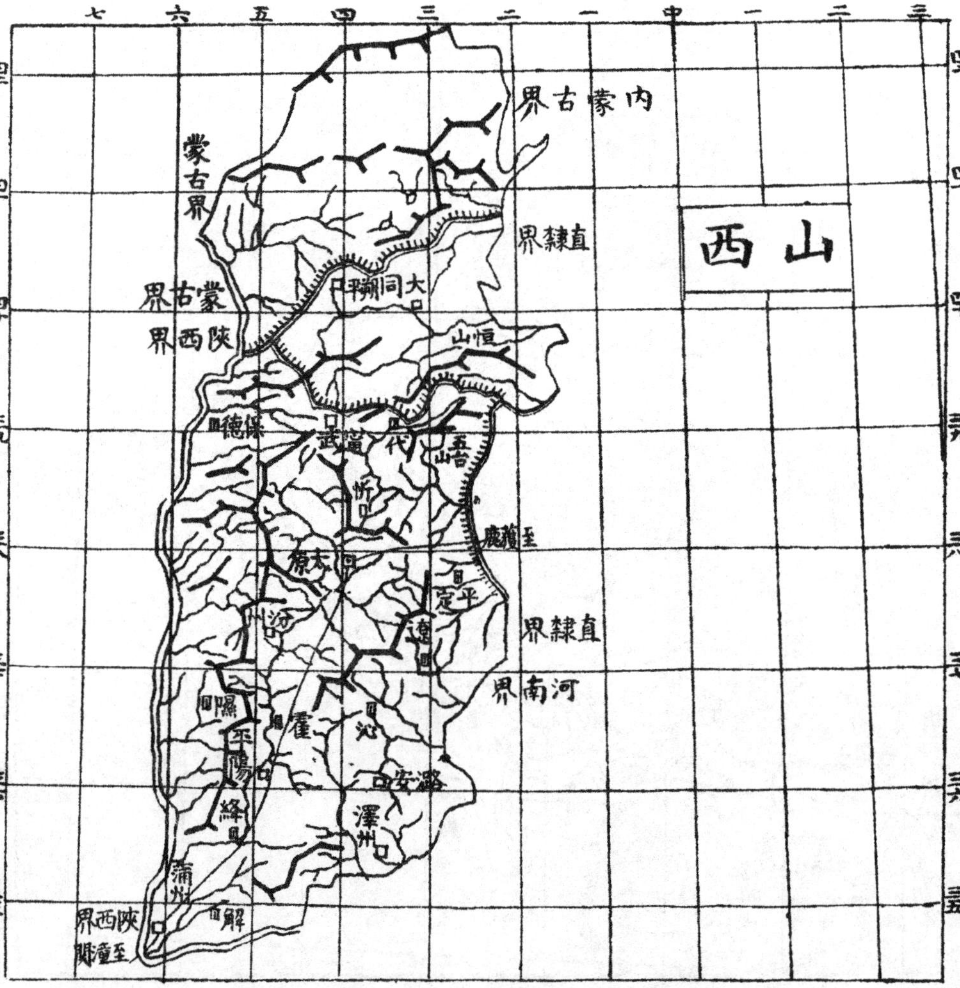

陝

上

陝西省在内蒙古之南其東山西河南其南湖北四川其西甘肅内蒙古領七府八廳十州七十二縣省城西安府庚子之變二宮駐蹕於此

失冉切音閃地名古分東陝西陝今合為一

山陝　陝甘

秦

平

陝西即古秦地北有長安故城即秦宮跨渭處漢時三分關中王為三秦故陝西別號關中又漢時有兩都東都在今河南西都即古秦之地也

匠鄰切音旬國名

暴秦　秦晉

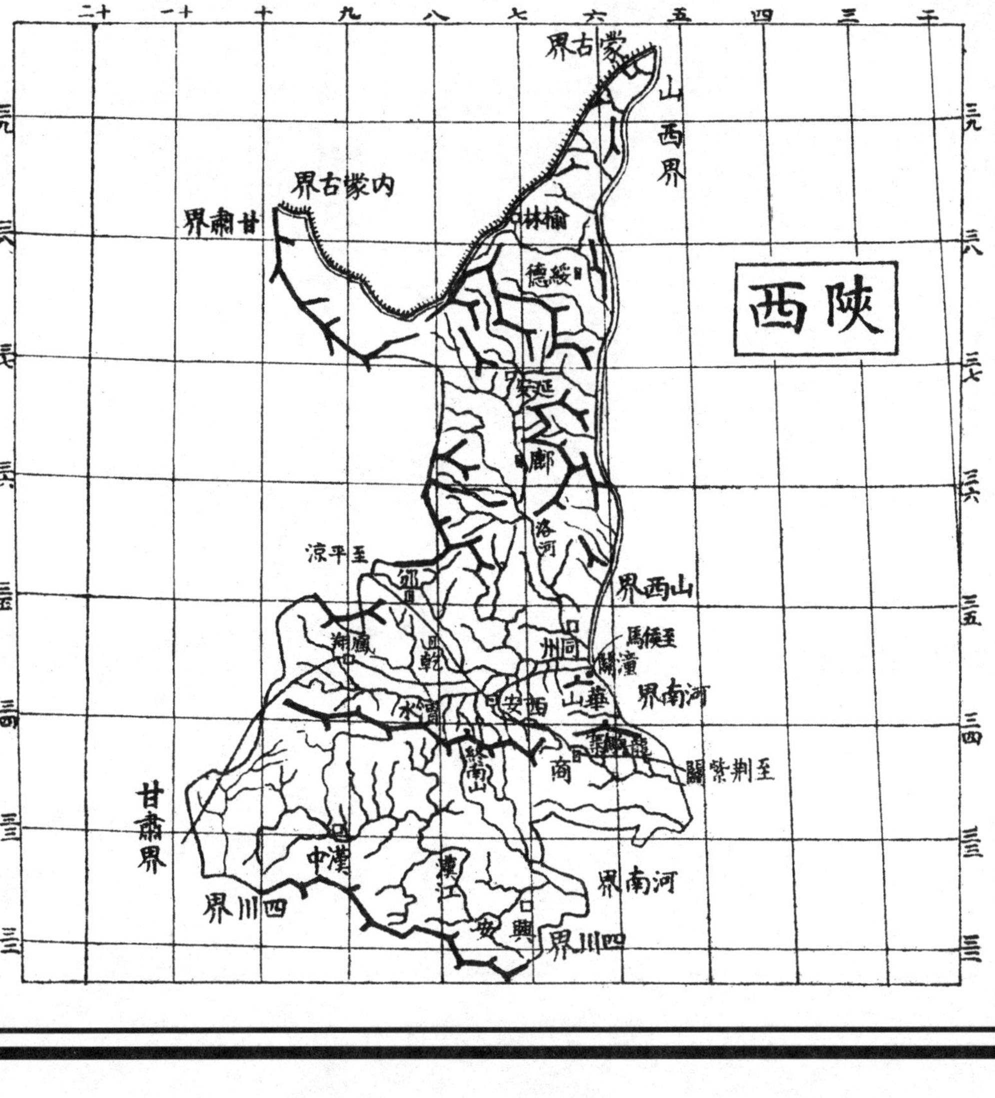

甘 平

古三切，音感，平聲。味甜同甘。味甘　甘苦

甘肅省在陝西之西北，界蒙古，南界四川，西界青海、伊犁，領十府二十一廳、十六州、五十九縣，省城蘭州府。

肅 入

蘇谷切，音宿。莊嚴之謂也。肅雍　甘肅

肅州在省之西北，進嘉峪關要衝，與甘州府相連，今合甘府與肅州以名省也。

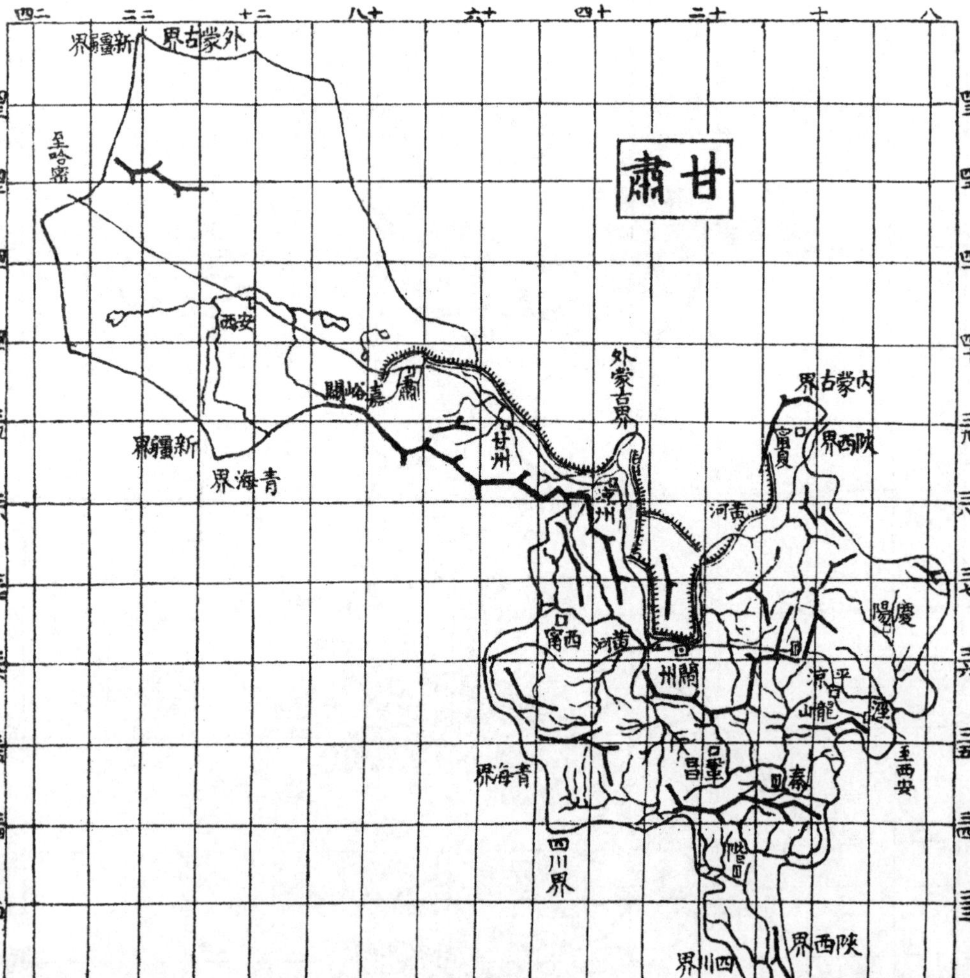

新 平

息鄰切音辛。物之初成者曰新。

新疆 月新

新疆省在甘肅之西北，省會在迪化府，而伊犁府為西北之重鎮，又產玉之最著者，南境之和闐州也。

疆 平

居良切音姜。邊界曰疆。又土地也。

封疆 疆場

新疆皆化外之民，信奉回教，大半凶橫，易於致亂，同治季年，天山南路之喀什葛爾民叛亂，平定後始列行省，領三府四州十廳十三縣。

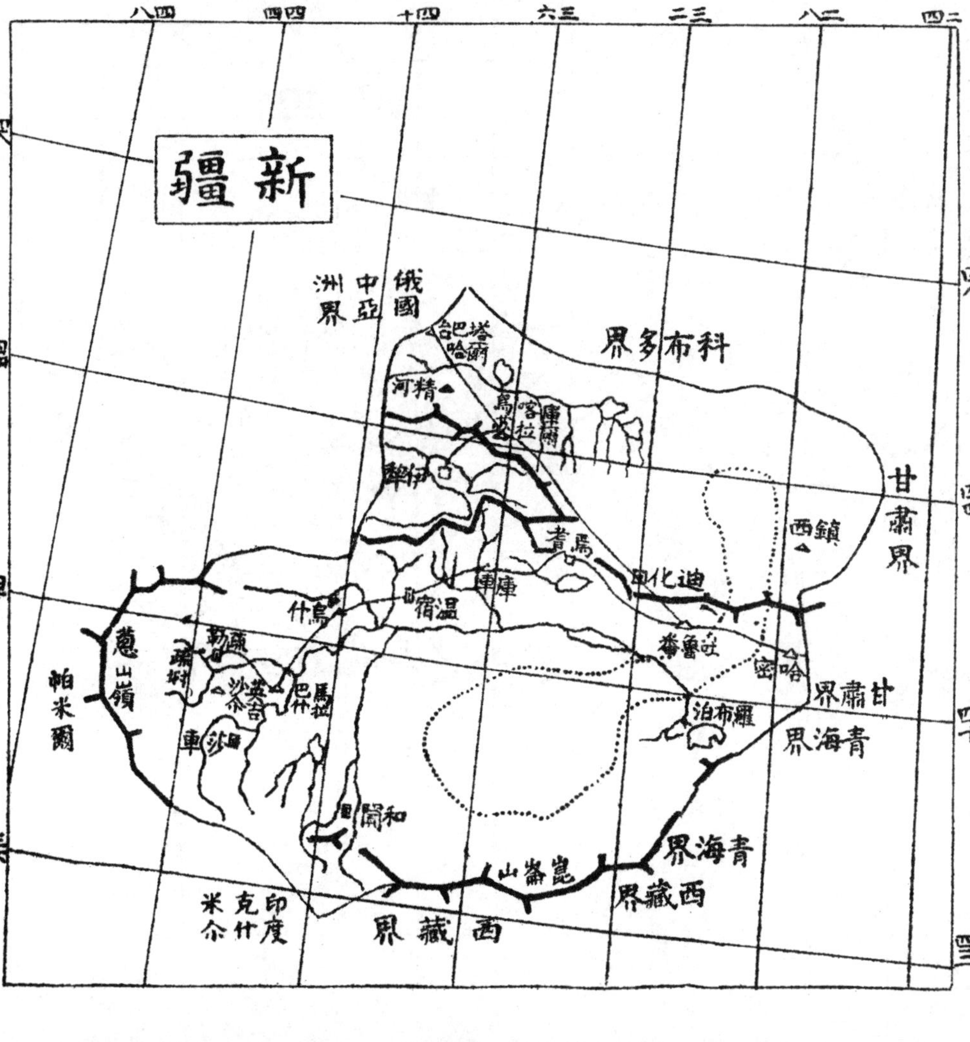

川

平

昌緣切音穿水穿地流者曰川 山川 川中

四川在青海甘肅陝西之南有岷江雒汶白水黑水之四水故名領十二府十三廳廿九州百十三縣省城成都府其重慶府為通商口岸

蜀

入

市玉切音屬山之孤獨者曰蜀 西蜀 蜀崗

後漢三國劉備都於西蜀即今四川成都府地又名益州

粵 入

玉代切，音越，發語之詞也。

南粵　百粵

廣東，即春秋時百粵地，領九府、十一廳、十一州、七十七縣，省城廣州府，貼近珠江口，全省通商口岸六：廣州、汕頭、北海、瓊州、香港、澳門。久為英國佔據。

瓊 平

渠瑩切，音煢，玉之美者曰瓊，又赤玉也。

瓊瑤　瓊琚

海南島在廣東省之南，漢名朱崖郡，唐改為瓊州，即今瓊州府地，於咸豐初年開埠通商，全境獨立海中，地土頗佳。又隋煬帝時，揚州有花曰瓊花。

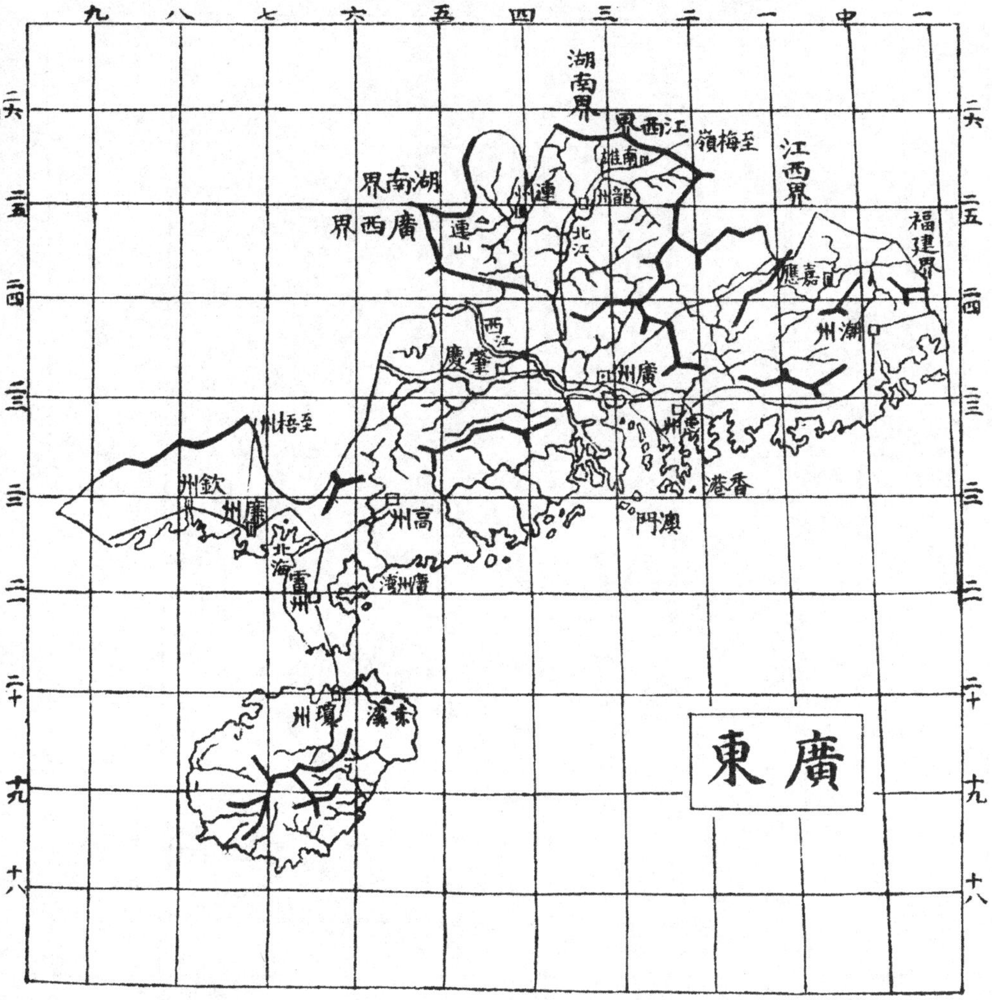

去

桂

古惠切，音圭去聲，木名，丹桂。又桂江，水名，在桂林府。

丹桂　桂宮

廣西省，在廣東之西，領十一府、六廳、四十九州、五十四縣，省城桂林府，在桂江發源之處，其龍州、梧州為通商口岸。又今之中舉者，俗稱之曰蟾宮折桂。

上

廣

古晃切，音光上聲，寬濶也。

兩廣　廣大

廣東，古稱粵國，今則分為兩廣，曰廣東，曰廣西，其省名也。

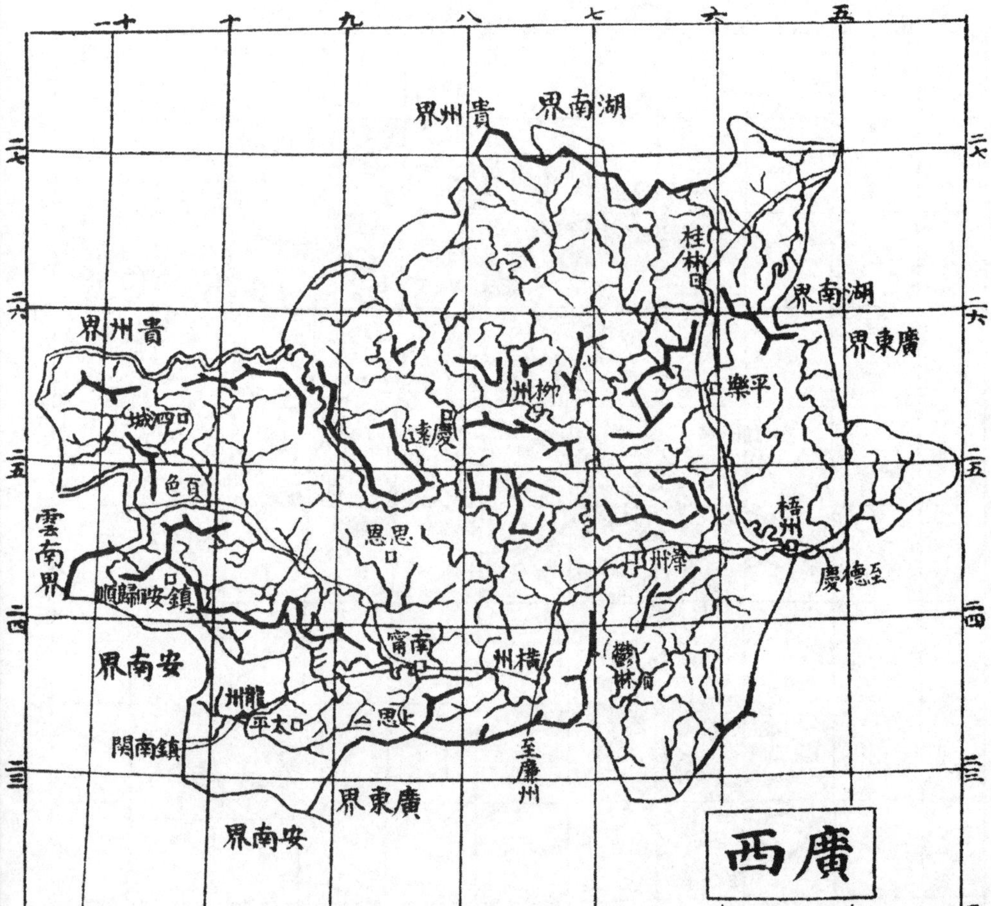

滇 平

都年切音顛水名、雲南別號滇南、
滇南　鎮滇

雲南在貴州廣西之西、領十四府、十七廳、三十五縣、省城雲南府、即古滇國、有滇池、周五百餘里、史記、滇水源廣末狹、有似倒流、故名滇、

梁 平

呂張切音良、梁橋也、又大梁星名、
橋梁　梁木

雲南即禹貢梁州之域、漢武帝時有慶雲見於梁州、故曰雲南、其地多山多雨、終年不甚寒冷、亦不多見日光、故處其地者患濕氣者恒矣、

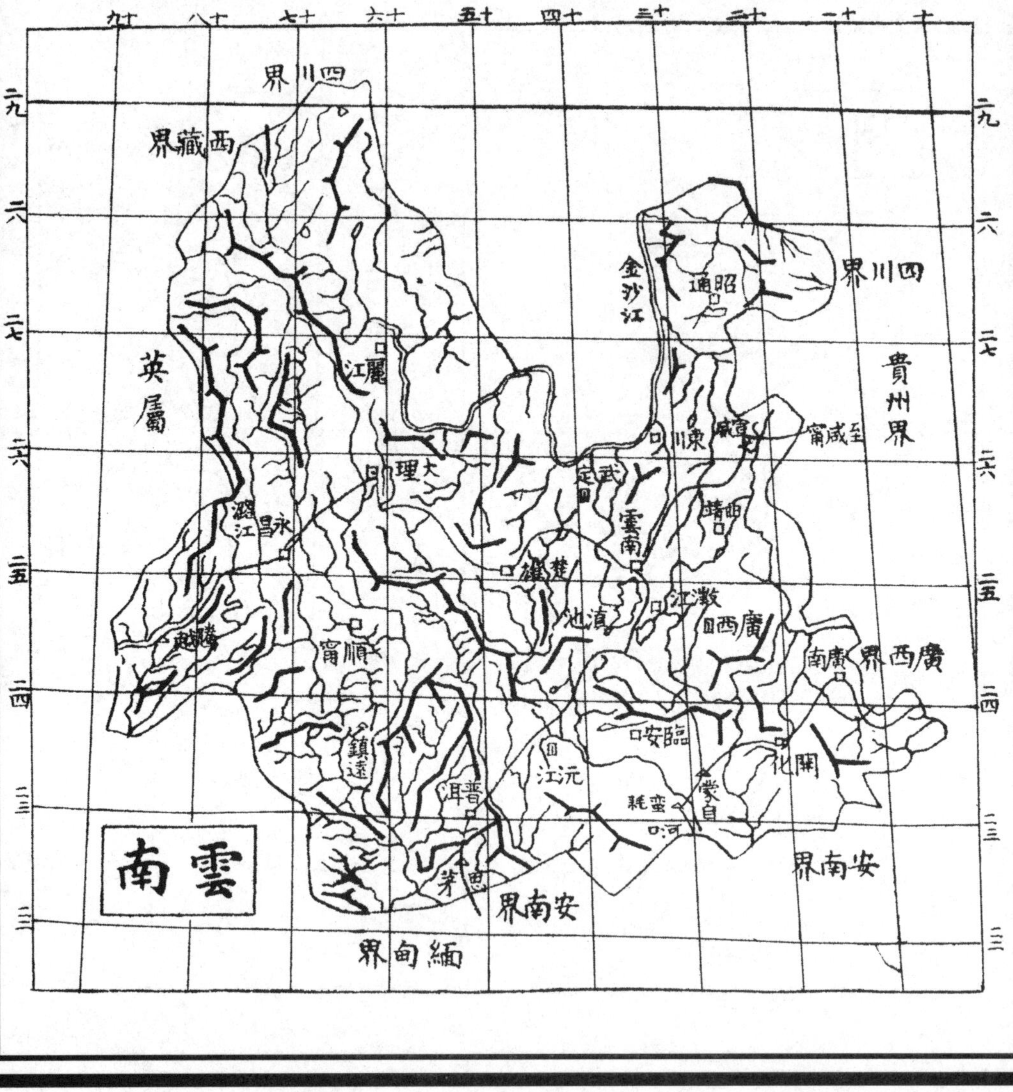

去

貴

居胃切音桂去聲物之珍者曰貴又富貴人之所欲也 富貴 貴胄

貴州一名貴筑在雲南之北四川之南湖南之西廣西之北領十二府十四廳十四州三十三縣省城貴陽府省之南邊山中苗子猺人所居

黔

平

其淹切音箝黑色曰黔 黔黎 黔敎

史記秦置黔中郡明永樂間設郡縣號黔陽即今貴州地說文黔黎也秦時謂民為黔首言黑色也

吉 入

居質切、音桔、吉者凶之對也

大吉　吉人

吉林、在盛京之東、其北接西比利亞、南與朝鮮為鄰、領二府、四廳、一州、二縣、省城吉林、有長白山、產人參、為貴重之品、有鐵路通奉天府至牛莊

林 平

力尋切、音臨、叢木也

總林　林立

說文平土有叢木曰林、故从二木、土平則木齊、吉林、地多高山樹木榮盛、故名吉林、又戰陣時、刀劍林立、言刀劍之多、如樹木之繁雜也

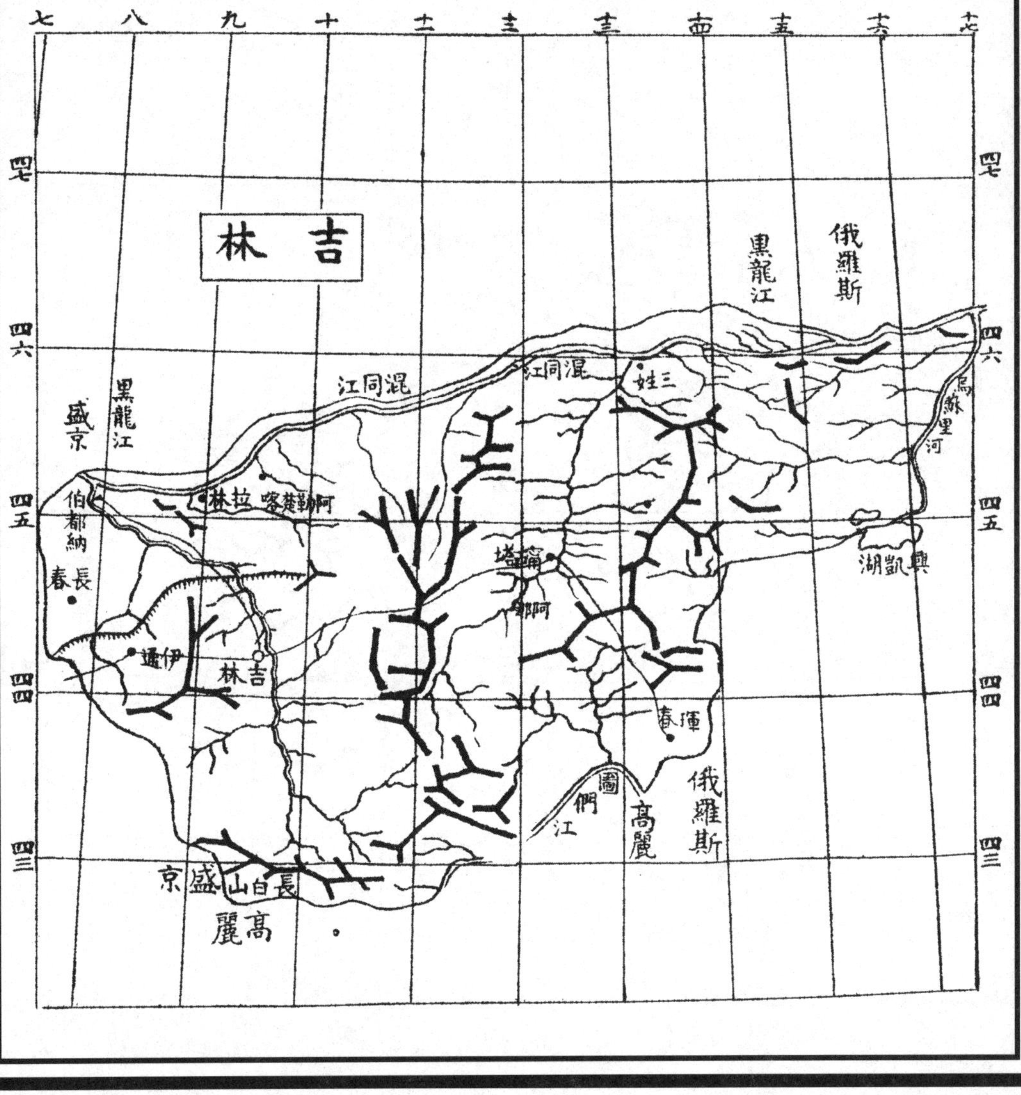

黑

入 迄得切、音潶、黑者白之對也、黑人　黑墨

黑龍江省以北界有黑龍江、故名其西南為內外蒙古、省城齊齊哈爾、貼近嫩江、全省有興安嶺高山環繞、地多金鑛、

省

上 什刃切、音審、督撫所治之地也、省察　直省

今之督撫所管轄者曰省、地方數千里、視春秋時、齊晉之國、有過之、無不及焉、若夫凡蔣邢茅、則視今之一郡一縣而已、豈若省之大哉、

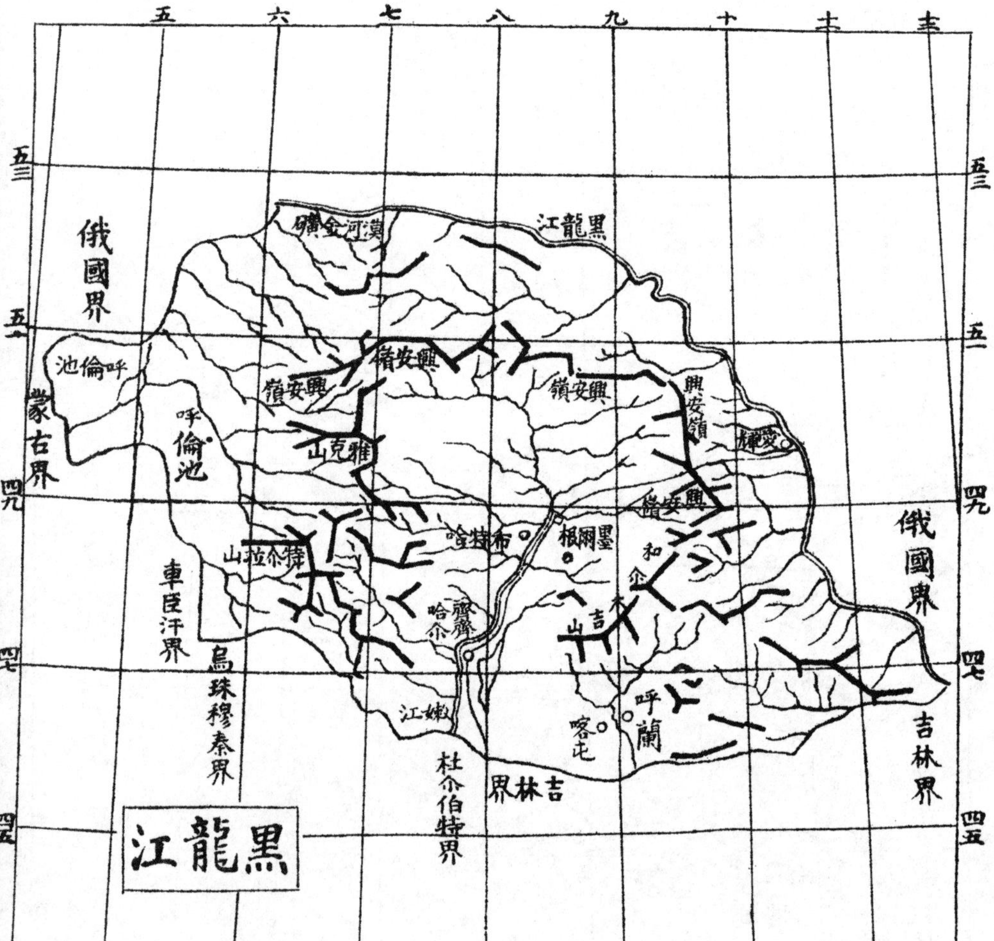

蒙 平

莫紅切音濛不明也年幼無知識曰童蒙愚蒙　蒙昧

蒙古在西比利亞之南地分三段、即外蒙古、内蒙古、烏里雅蘇台省城名庫倫、在土拉河邊、北界有買賣城、與俄人通商處也、

瀚 去

候旰切、音翰、北海名、又浩瀚水大貌、浩瀚　瀚海

瀚海本名北海、史記作瀚海、今作瀚海、蒙古全地高平而多山、中有大沙漠、名為瀚海、自西至東長五千里、濶一千里、

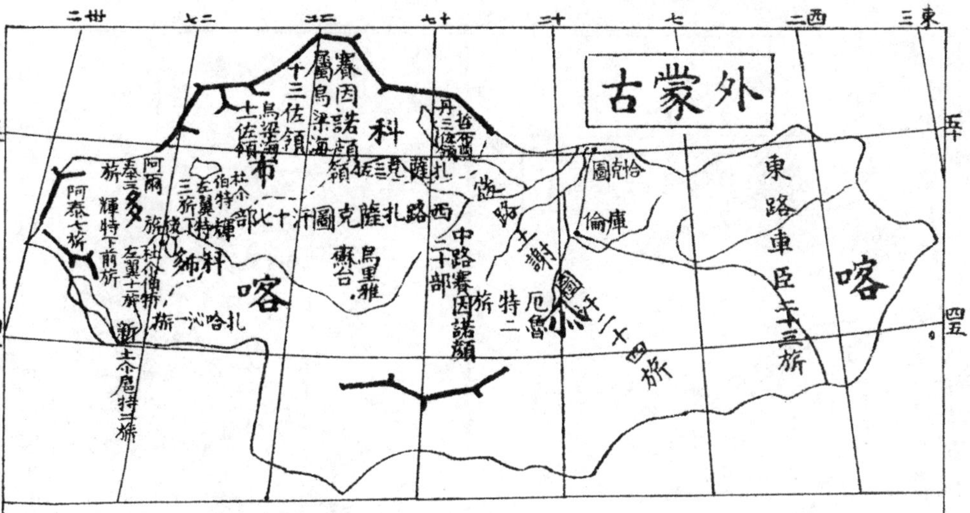

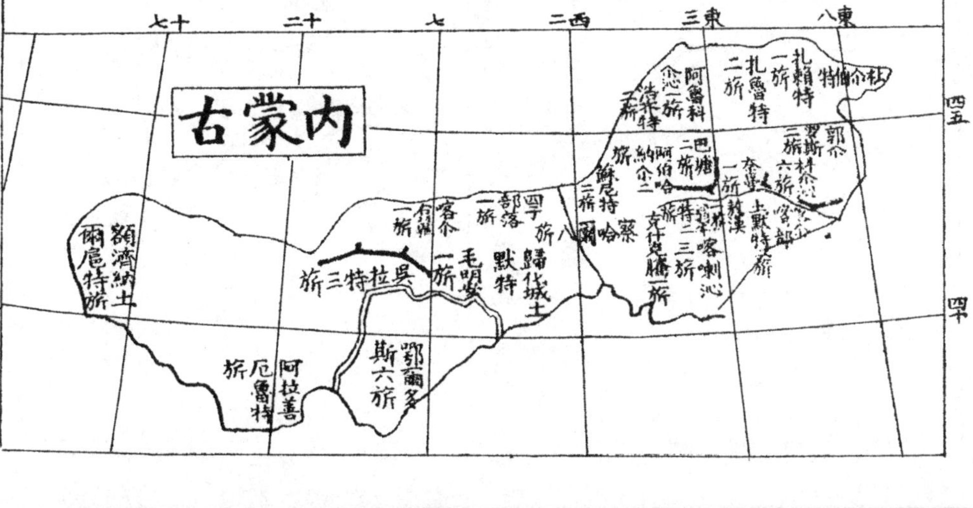

海 上

黑矮切，音蠏。茫無涯涘曰海。江海　海量

江漢朝宗于海，因海既大而能容，故百川之水無不就下而滙于海也。又海之水性鹹，故管子煮海以為盐，而民無淡食之苦矣。

藏 去 平

徂郎切，音臟。萬物皆可藏于此也。寶藏　藏府

西藏地分四部，前藏曰康，中藏曰衛，後藏曰藏，極西曰阿里，屬城七十三，以拉撒扎什倫布，母都會焉。國中人信奉達賴及班禪為主。

去

亞

衣駕切音鴉去聲次者曰亞又醜也象人局背之形　歐亞　亞洲

亞西亞洲地居北半球、其境界北沿北冰洋、東枕北太平洋、南接印度洋、西界烏拉嶺、及裏海黑海、與歐洲分境、又隔紅海而與非洲相對、面積一千七百萬五千英里、佔世界陸地三分之一、南從北緯一度起、北至北緯七十七度止、故其地處熱溫寒三帶、而以北溫帶之地為最廣、全洲之國大小不一、其能保獨立之體面、僅有五國、如中國、日本、朝鮮、暹羅、波斯、是也、其餘皆為歐洲各國之領地、於此見歐洲之勢力、及於亞洲者甚大、而亞洲各國宜自強矣、

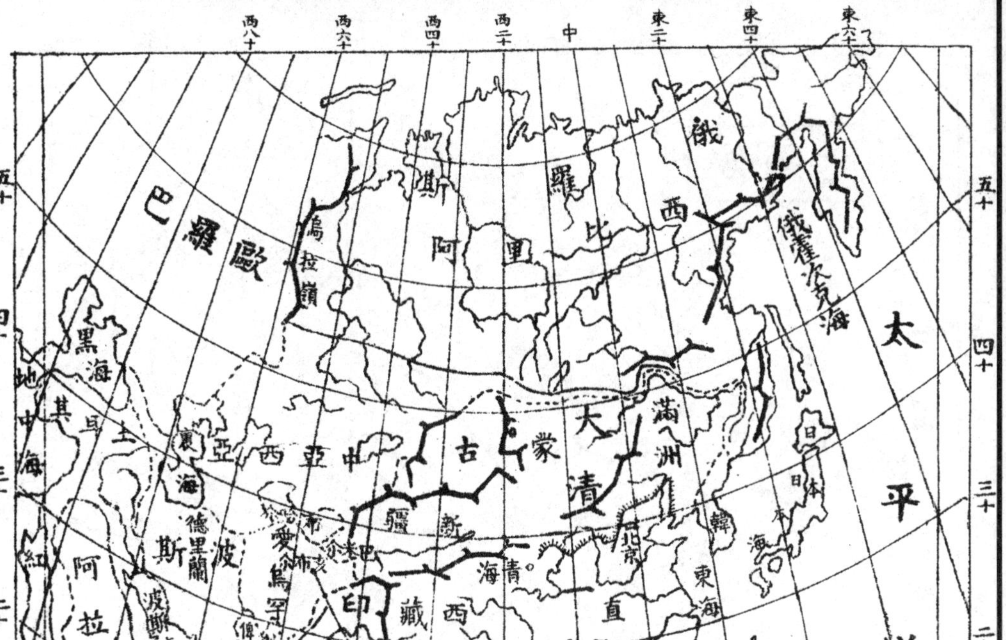

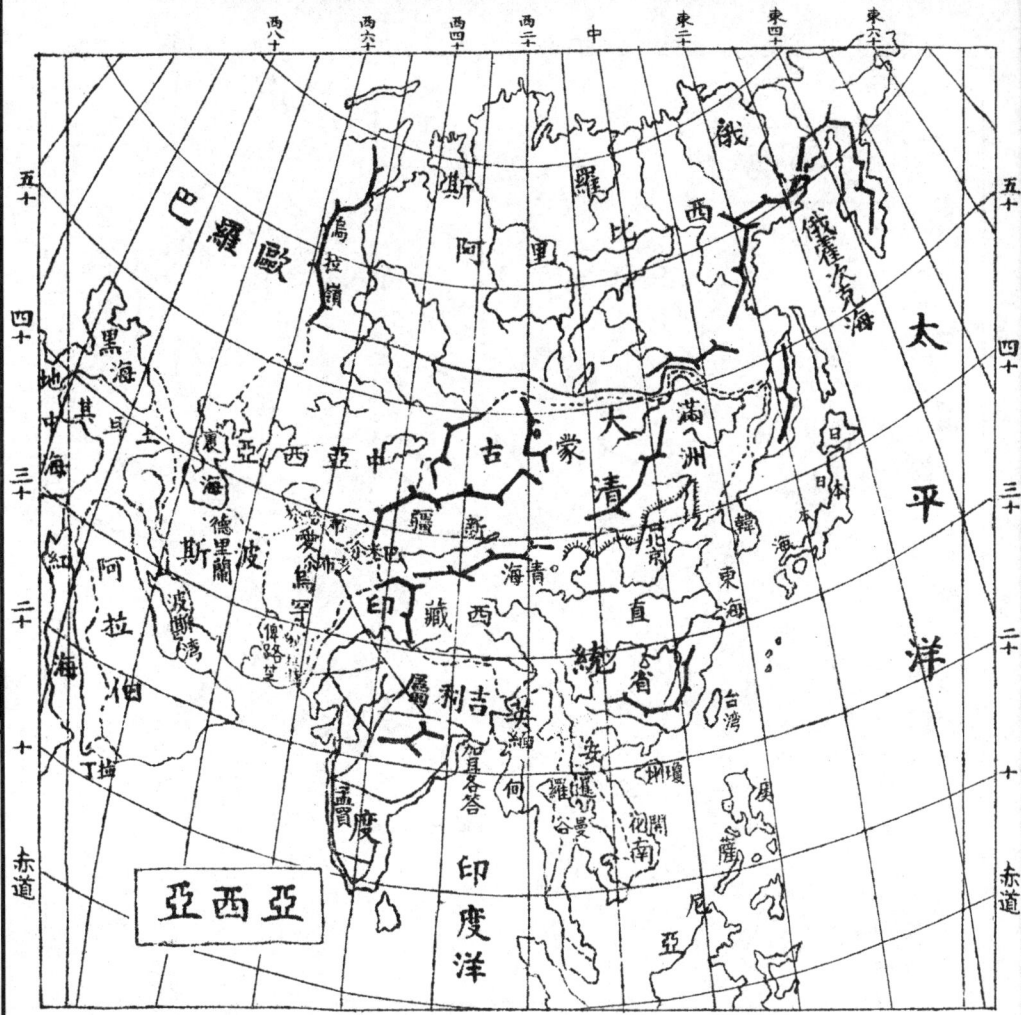

歐

上平

烏后切、音毆、與嘔同、吐也、又烏侯切、音鷗、與謳同、歌也、歐歌　歐陽

歐羅巴洲之地、較各洲為狹、僅佔世界陸地十四分之一、洲之西北、與亞西亞之西相鄰、西隔大西洋、遙與北美相對、在北緯線三十六度二十三分、至北緯線七十一度六分之間、故全洲俱在北半球中、而適在溫帶之下、面積四百萬英里、全洲各國、曰俄羅斯、曰瑞典、曰那威、曰丹馬、曰荷蘭、曰比利時、曰日耳曼列國、曰普魯士、曰奧地利、曰土耳其、曰希臘、曰義大利、曰瑞士、曰西班牙、曰葡萄牙、曰法蘭西、曰英吉利

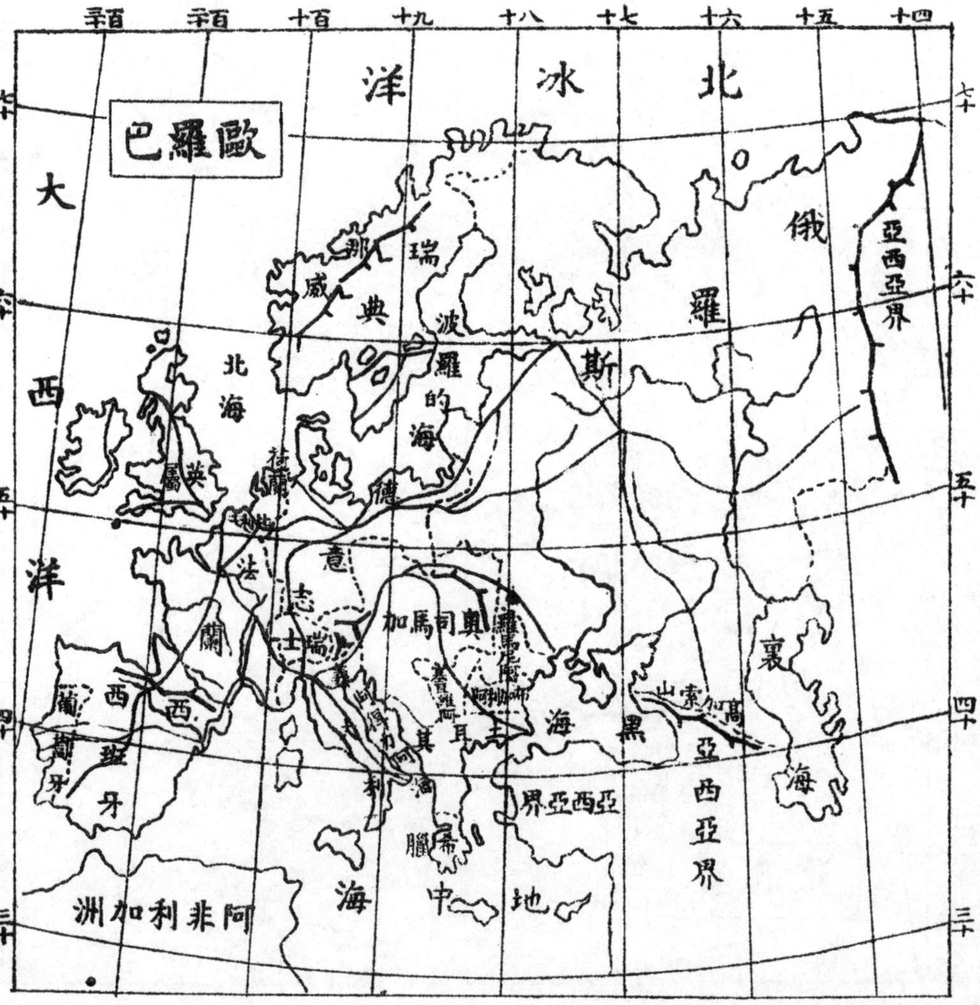

非

平

甫微切音飛非者是之對也是非非也

阿非利加洲在歐洲之南瀕地中海與歐洲之義大利比利時希臘諸半島僅隔一衣帶水至與亞洲之阿剌伯則隔一紅海而突出其西南蘇彛士河未開通時曾與亞洲相連其緯度則以北緯三十七度二十分為最北端以南緯三十四度五十分為最南端而赤道線則亘其中央面積一千二百萬英里洲内分六土北曰摩洛哥諸國東北曰埃及諸國中曰蘇丹諸國西曰鐵内亞諸國東曰亞德諸國南曰加弗勒諸國其餘羣島皆條分縷析焉

美

上

無鄙切、音眛、美者惡之對也、華美、美州

阿美利加洲、於西歷一千四百九十二年、始見於世、故有新世界之稱、洲分南北二部、曰南阿美利加、曰北阿美利加、

北阿美利加、北向北冰洋、東瀕大西洋、與歐洲遙相對、南接墨西灣、西臨太平洋、其緯度北緯自十度至八十二度、經度西經自五十度至百六十五度、面積八百七十萬方里、洲內分歐屬、俄屬、連屬、英屬各地、以南即美利堅是也、曰墨西哥、其南北兩洲相連處、曰中阿美利加、共分九部、有羣島、曰西印度、

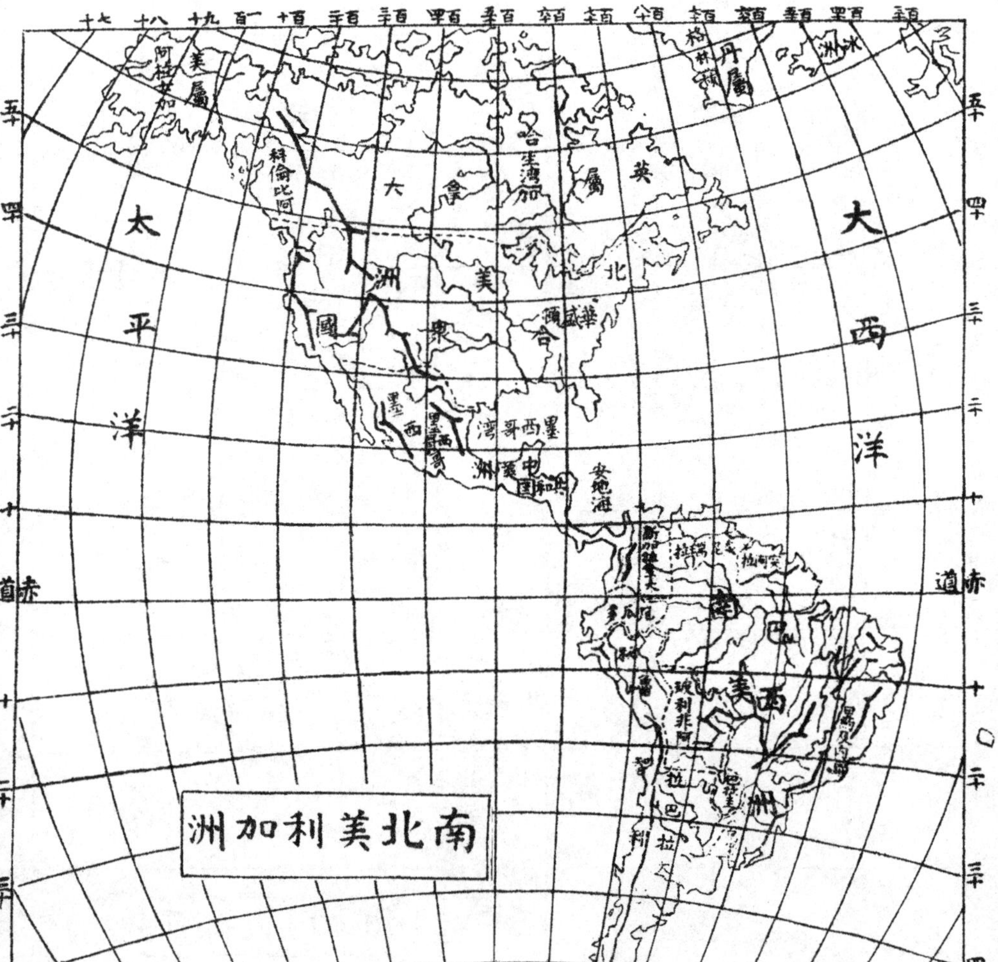

去

澳

於到切，音奥，水深曰澳，澳門地名、淇澳
於六切，音郁，淇澳水名，澳州

澳薩尼阿洲，一名大洋洲，西自亞西亞及印度洋起，其東布滿於太平洋及南北美洲之間，面積約四百二十三萬二千方里，洲內島嶼，分為三區，西曰馬來西亞，又名印度洋羣島，南曰澳大利羣島，東曰不里尼西亞羣島。此洲為歐洲各國角逐之地，苟有未經人佔領之地，雖彈丸小島亦競趨之，其間德法美所據為多，英荷次之。

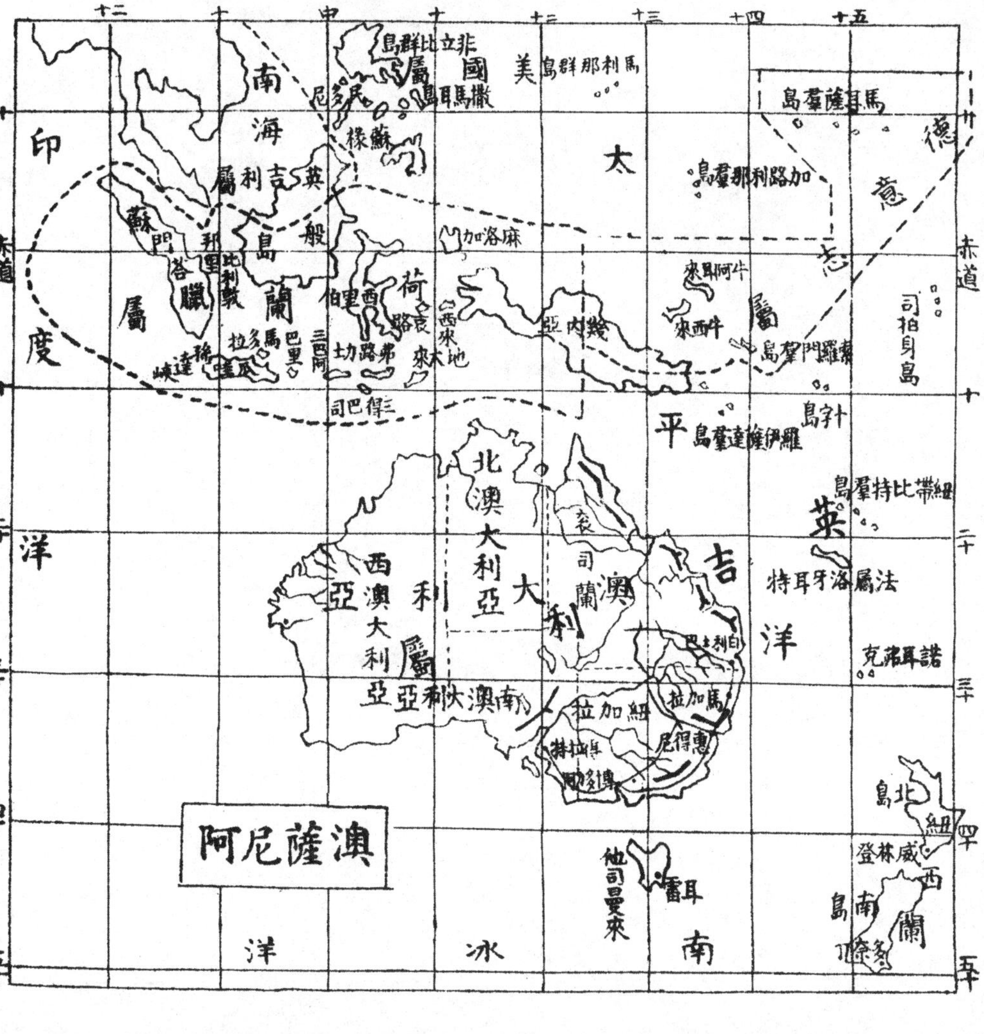

倭 平

於為切、音堁、與逶通、遲回也、烏禾切、音渦、倭寇 倭刀

地理志、倭在東南大海中、依山島為國、度海千里、復有國、皆倭種、即今日本國、日本海遂與朝鮮相對、東北界俄、東南面太平洋、西南為琉球列島、全國面積凡十九萬方里、建都曰東京

韓 平

胡安切、音寒、說文、井垣也、又國名、又姓

韓盧 三韓

朝鮮、又名高麗、古分馬韓、辰韓、辨韓、三部、故亦稱三韓、在亞西亞之東、而斜突於日本海、及黃海之間、南接海峽、北連滿洲、面積約十萬方里、全國分八道、其京城在京畿道、

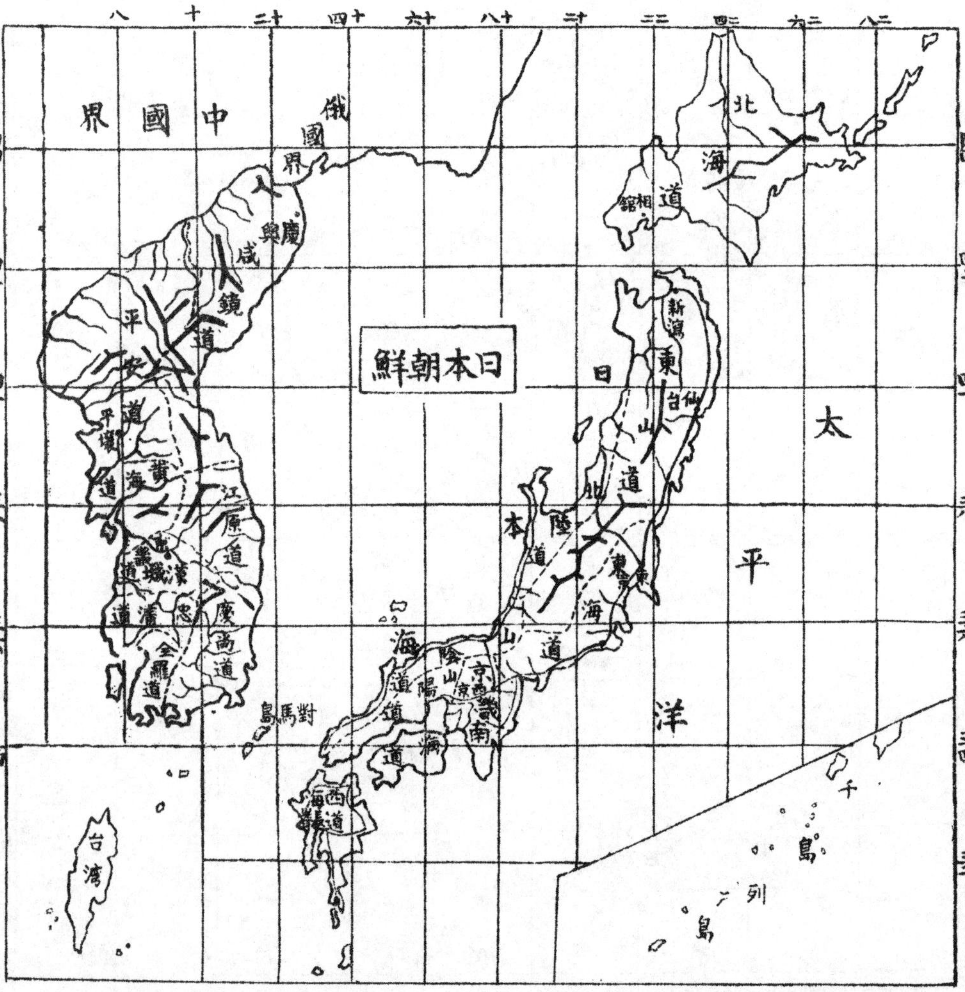

暹 平

息廉切，音銛，說文，日光上升也。日暹　暹羅

暹羅在亞西亞東，為獨立王國，面積二十五萬方里，咸同以前，入貢本朝。近年屢被英法侵擾，土地日削，然其國王頗賢能，與各國立約通商，保全國體。

安 平

於寒切，音案，平聲，平穩也，又定也。平安　安吉

安南在亞西亞東南，接近中國雲南省，面積二十二萬方里，本為中國屬地，甲申以後，遂為法國所據，近來法國權勢愈重，雖有國王，不能成自主國焉。

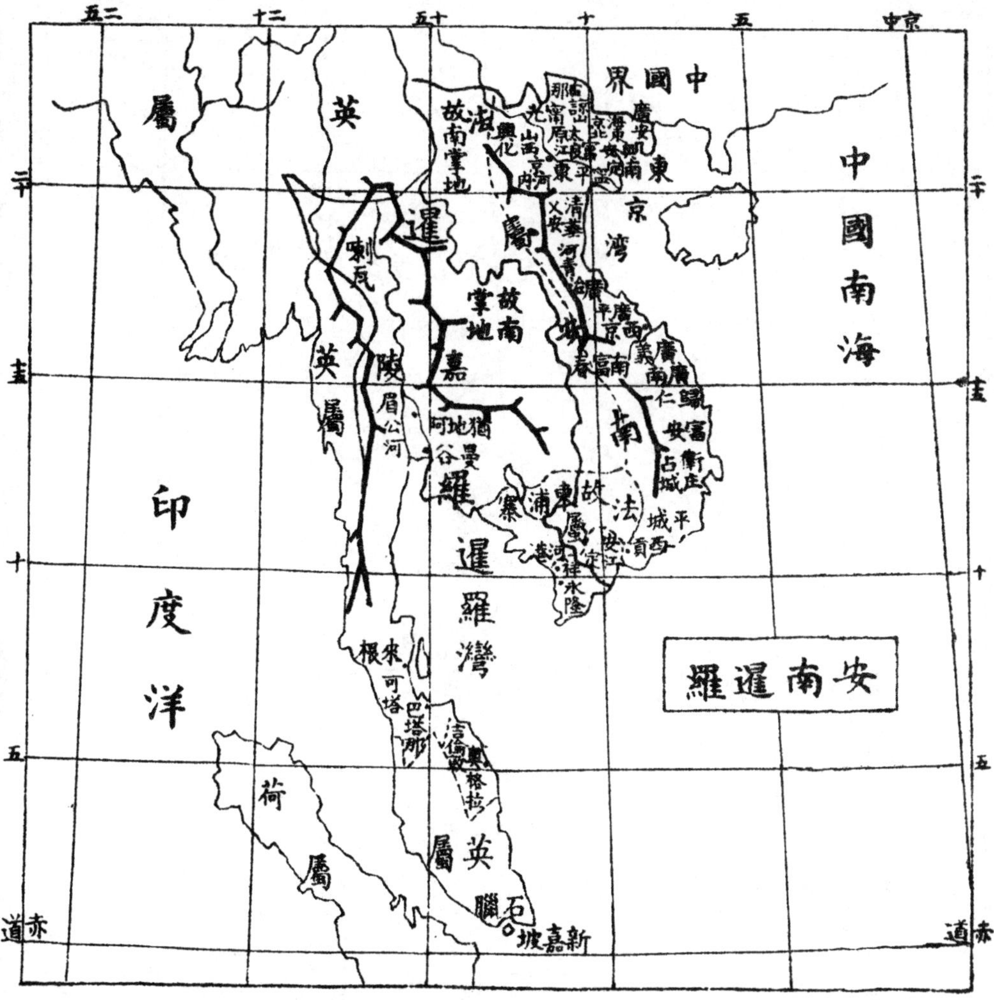

愛 去

烏代切音哀去聲仁之發也又吝惜也

阿富汗一名愛烏罕從西韃靼之南至阿拉伯海為止北部曰阿富汗南部曰俾路芝今國内西北各地已入英俄二國之手國王所領者不過全國版圖之半而已

俾 去

補彌切音髀說文益也又使也從也

俾路芝在阿富汗之南其土地不過阿富汗之半自阿富汗被英俄侵蝕後俾路芝亦不能獨立其國之北境亦為英人所有曰英屬俾路芝

上

緬

美究切音湎說文微絲也又藐遠也

緬維　緬甸

緬甸在亞西亞東南乃英國之新領地也面積三十餘萬方里先是英人入其海岸土人拒之英人遂以兵入港侵奪其地光緒十二年英人破其都城擒其國王緬甸全土遂為英有焉

去

印

衣刃切音因去聲執政所持信也刻文云某官之印

私印　印信　又刷印也

印度在亞西亞之南其地大半歸於英國故稱英領印度中國古時稱為西天竺國其面積有歐洲全土三分之一人口之衆亞於中國而印度土人仍溺於佛教不知變計也

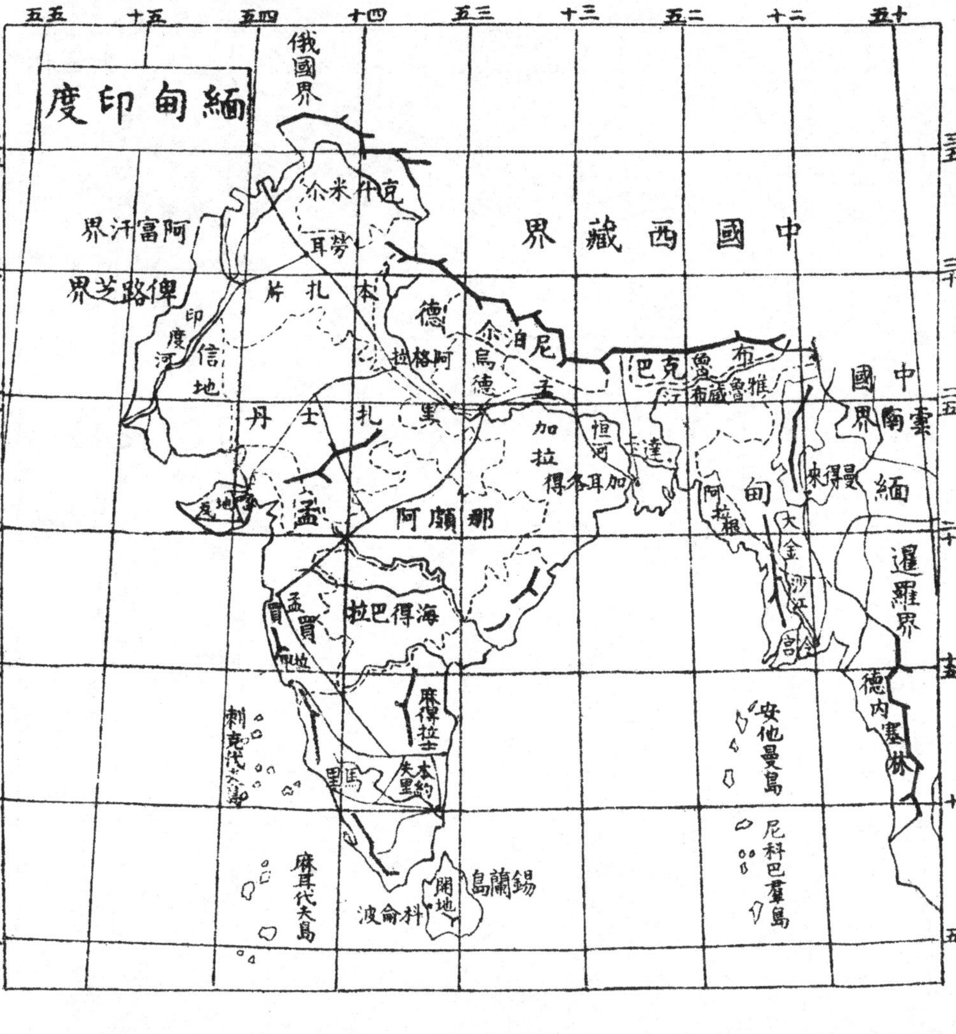

波

平

博禾切音皤、說文水涌流也、大波為瀾、小波為淪、

風波　波浪

波斯在亞西亞之中、自古稱為強大帝國、屢起大兵、以征希臘、卒為亞力山德所破、由是國勢不振、今其國王、頗思效法西國、以興國政、其面積七十萬方里、為回部四國中最大之國、

阿

平

於谷切音娿、爾雅大陵曰阿、又水岸也、又乳母曰阿母、阿保也

阿難　山阿

阿拉伯為亞西亞中最西之地、與土耳其波斯接境、古時曾出天文家、今西算中所用之號碼、乃阿拉伯之文字也、

波斯阿拉伯

土

上

統五切，音吐，上聲。五行五曰土。土者地之吐生萬物也。

土星又名填星，距日三萬一千五百萬里，繞日一周須二十九年一百七十五日，其體比地大九百數十倍，外有光環三帀，四繞八月，大小不一。

希

平

靑衣切，音睎，少之謂，又羨慕也。

希罕　希臘

希臘國名，文物之邦，曰羅馬尼阿，曰布加利阿，曰塞爾維阿，曰門的內格羅，前此皆土屬也，今則稱自主也。

埃 平

於開切音哀塵埃凡風起而揚沙、皆曰埃、於支切音醫義同 塵埃

埃及又名麥西在阿非利加之北、為世界最古之國當時國勢最強征服阿拉伯其後屢有變遷、或併吞各國自亞西亞起、至地中海濱為止周時為波斯帝國之領地、漢時乃屬羅馬、又為回兵所侵卒服於土耳其、國運益以不振、光緒八年、國民叛亂英人起兵攻之、遂為英國保護之國故一切政權均在英國監督官之手凡事須稟命而行近來國民頗有蠢然思動者

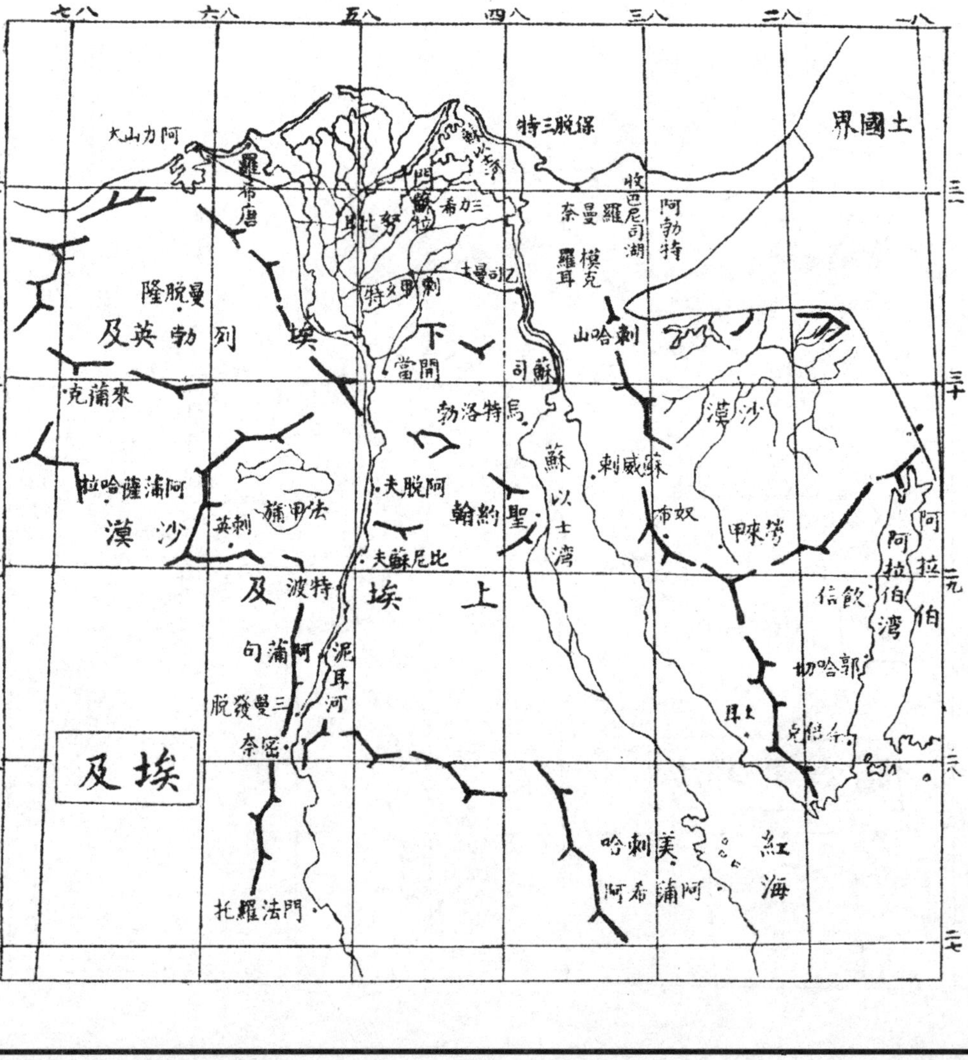

俄

平

五何切，音莪。說文：頃也。猶言片刻。又速也，倏忽貌、俄頃、俄國。

俄羅斯為今日世界最大之國，版圖之廣，領有全世界陸地七分之一，地據歐洲東北之部，東與亞西亞相連，東方所領之地與日本隔一衣帶水，南至裏海及高加索地方，西與羅馬尼、澳、德三國相接，綜其方里，已過歐洲全部之半矣。四百年前屢為韃靼所困，今則有席捲東方之志，又與中國屢起釁端，佔據東三省，至今未退，說者謂滿洲日後終屬俄人領地云。

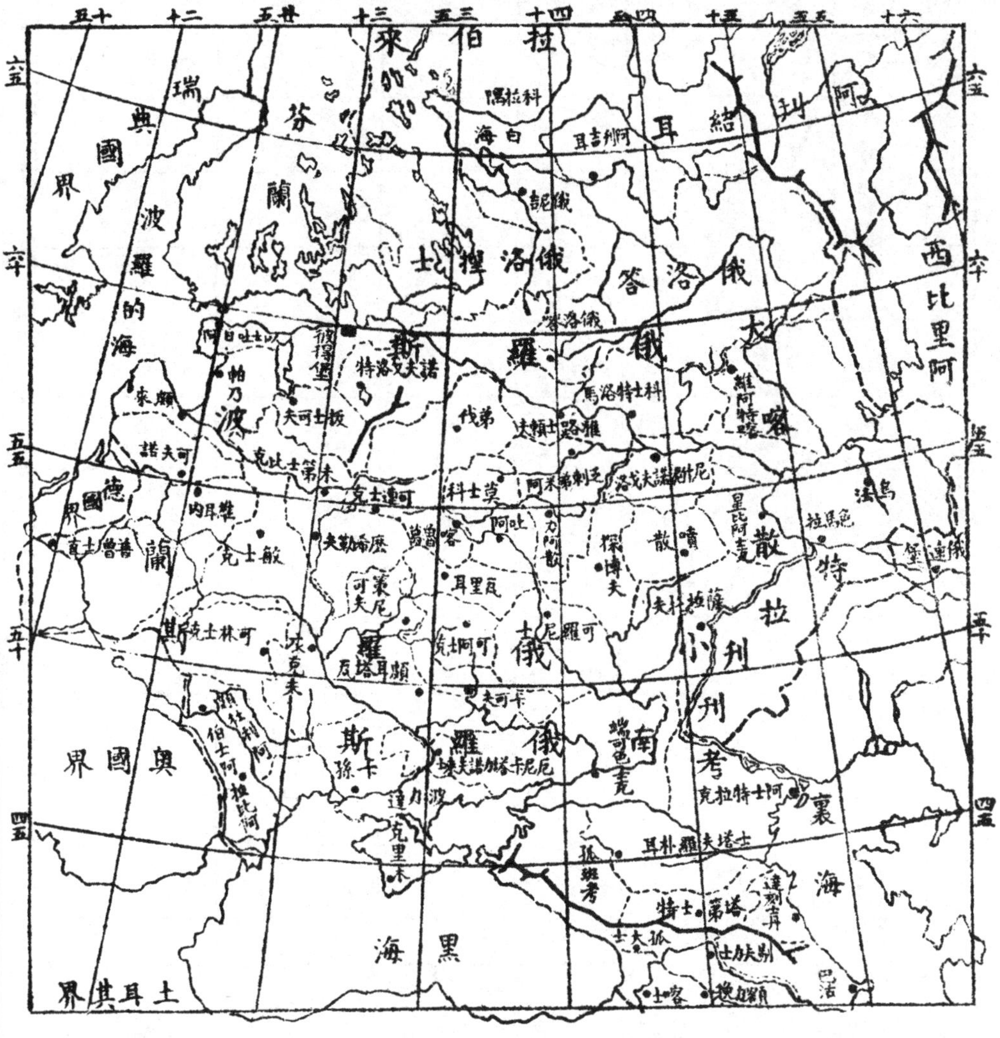

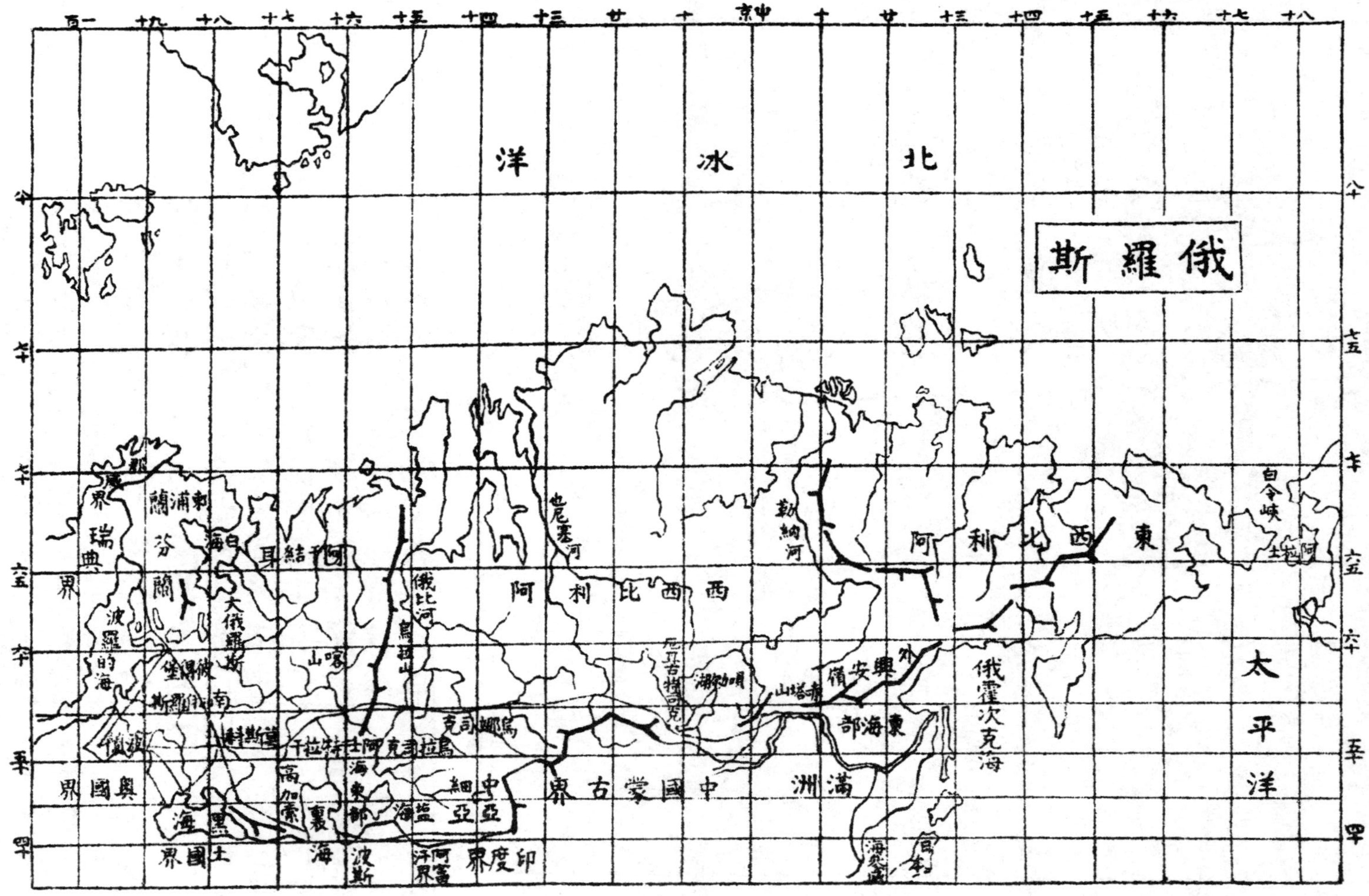

俄羅斯
北冰洋
太平洋
東西北利阿
西西比利阿
也尼塞河
勒納河
俄比河
白令峽
俄霍次克海
東海部
滿洲
中國蒙古界
印度界
黑海
裏海
芬蘭
瑞典界
土國界

英

平

於驚切，音瑛。華而不實者曰英。又才冠千人者曰英。又瓊英，美玉也。落英 英豪

英吉利為海島之國，在歐洲西海中，地共兩大島及其他小島，總稱英吉利島。古時為蠻民所居，故有島國之名。國民長於經商，世界各港無英吉利船舶不到之地。今日海權之盛，冠絕全球。版圖之廣，亦為世界所僅見。所屬之地，如北阿美利加、南阿非利加、澳大利亞島及印度緬甸，並中國香港，其他領地，不可勝數。總計面積，約居世界陸地五分之一有餘。其都城在倫敦府。

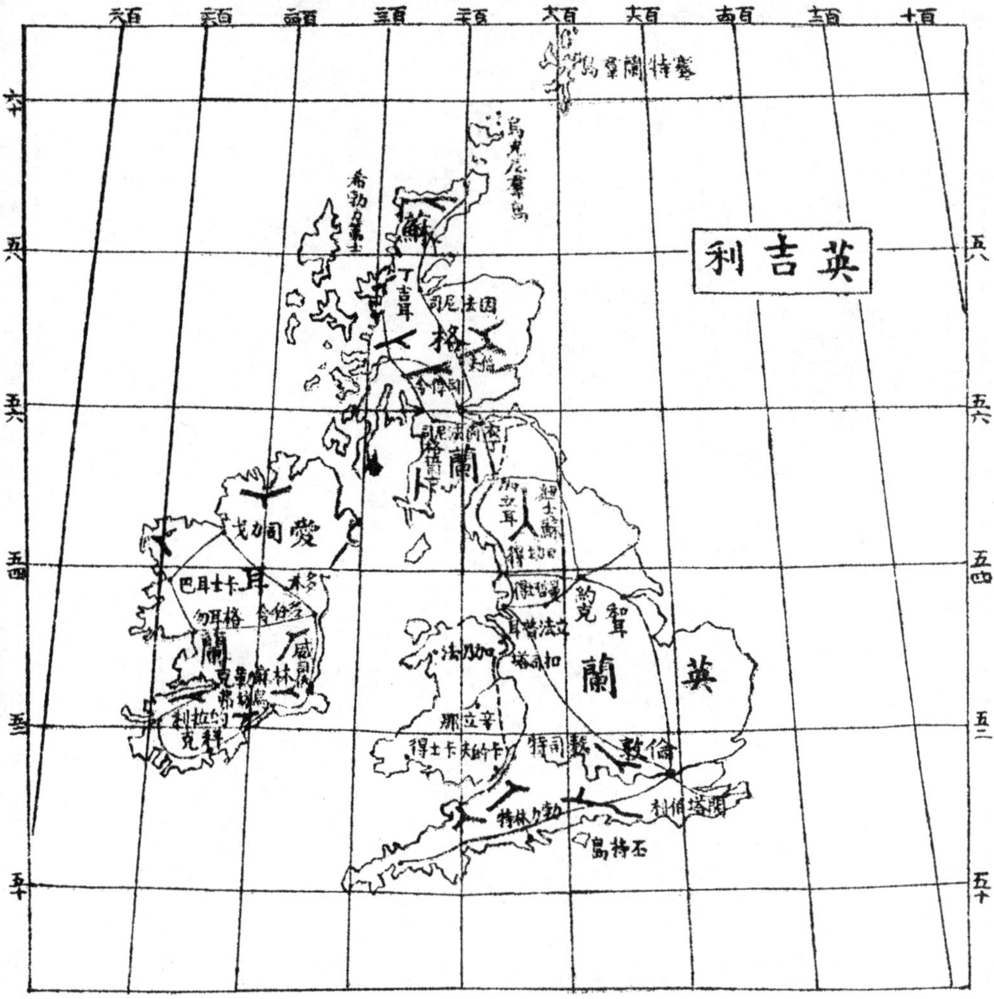

法 入

方乏切音發 制度也 國名法蘭西 又名佛郎西 道法 法則

法蘭西為歐洲強國鄰於德國之西與英吉利相對峙其商務之盛兵力之強僅亞於英吉利光緒十年與中國啟釁遂據有安南又窺伺滇粵近來軍備益嚴海外領地益廣其民俗強悍且思心慧敏長於製造新機奇巧出人意表國無王位凡國政皆由議院制定由大統領行之稱為共和國

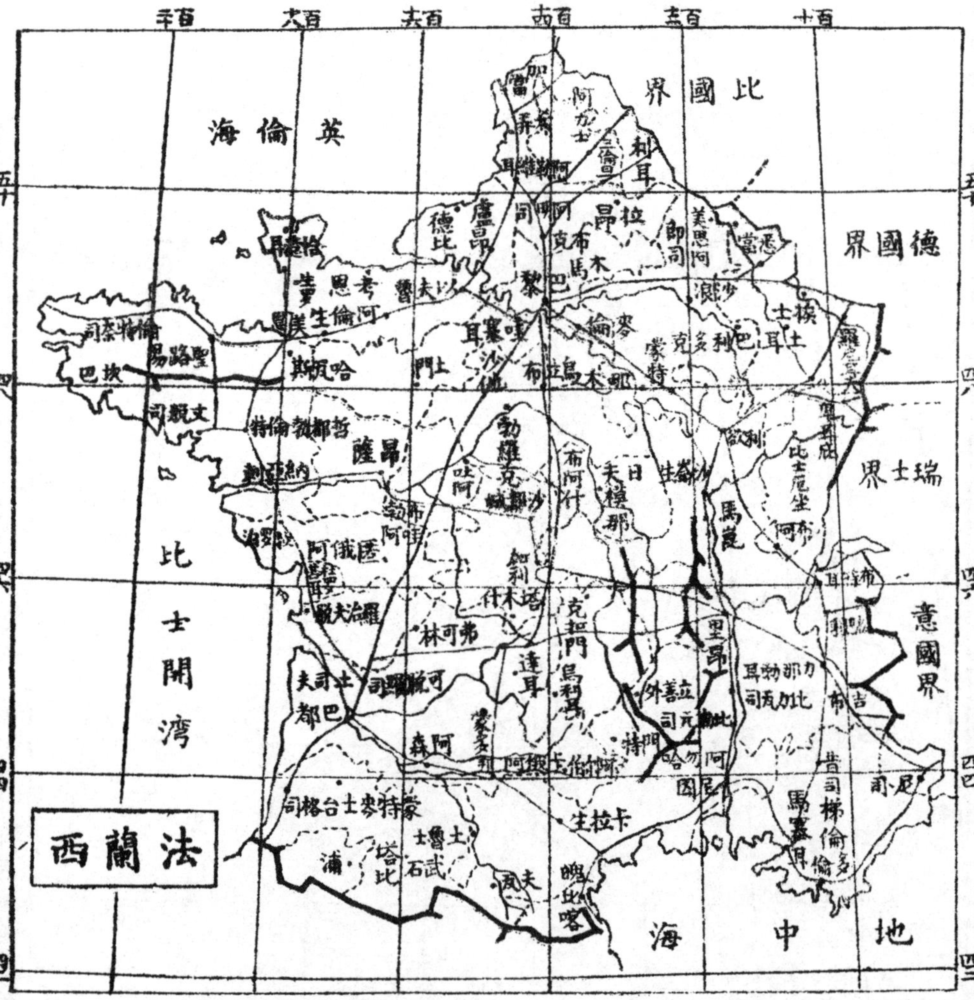

德

入

的則切，音得。恩惠也。又感恩亦曰德。

至德　德義

德意志，一名日耳曼，歐洲北境之大國也。以普魯士為盟主，合二十五邦而立國，故曰德意志聯邦。與俄、奧、瑞、法、比、荷、丹俱為接境之國，又與英吉利隔海相對。其學術之盛、軍械之利，為歐洲第一強國。其所領地，有阿非利加三部及澳薩尼阿羣島之一區，至近日所購之南洋一小島，並租中國之膠州灣，皆為駐泊海軍之地。其國勢浸強，他日所詣未可量也。

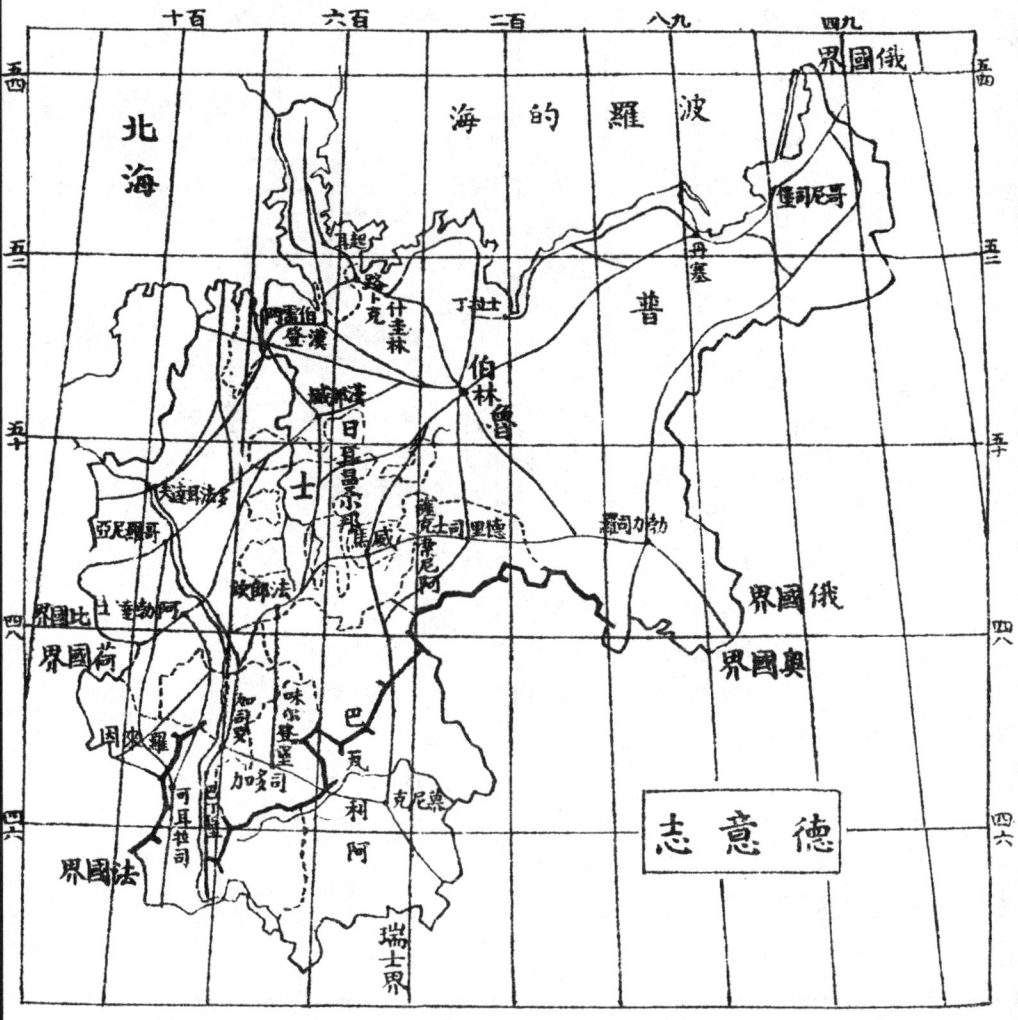

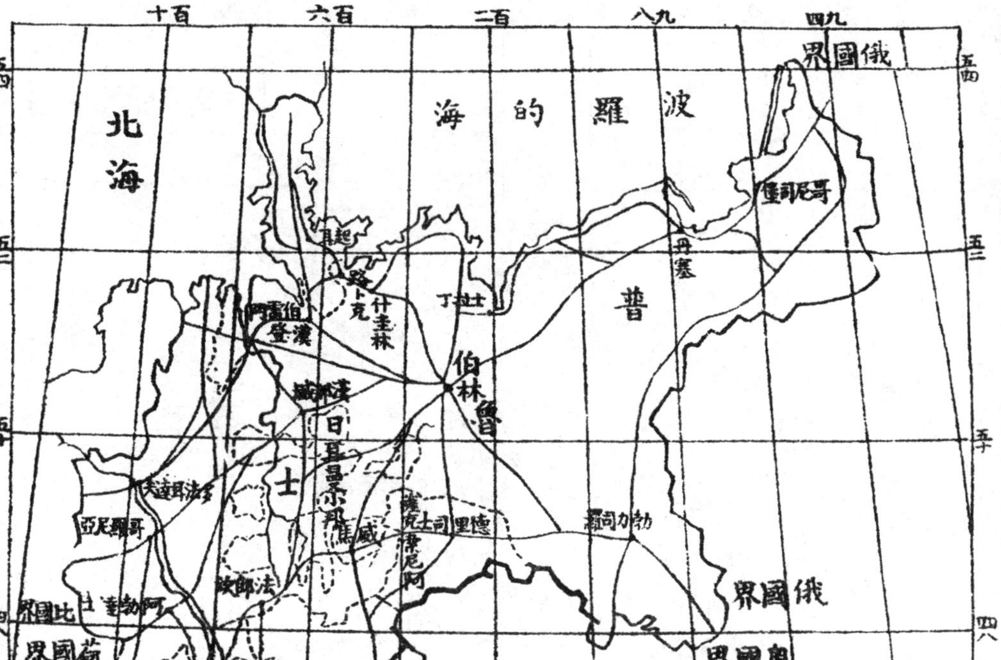

德意志

去
奧

烏到切音其室西南隅曰奧奧者五祀之一夏所祭也又深遠也玄奧　奧竈

奧地利阿、奧匈牙利、共合版圖、與俄德瑞義土各國相接、惟西面臨海、蓋為中央歐洲之國也、土地之廣、與俄相埒、面積二十四萬零九百四十二方里、奧地利與匈牙利合為聯邦國、各設國會、各置政府、又為國務大臣、而共戴世襲君主一人、是為奧地利皇帝、兼匈牙利國王、兩國交涉之事、則由聯邦國會議定焉、

去

義

宜寄切音議義者事之宜也國名義大利又名以大利

仁義　義兵

義大利舊名海路料又名羅馬其地由歐洲南部斜入地中海與奧法瑞士三國接境地勢頗優為昔日文明最盛之國後來竟足與歐洲各國列強矣

去

瑞

是偽切音倕說文以玉為信也又祥瑞也

豐瑞　瑞雲

瑞士在日耳曼之南奧地利阿之西法蘭西之東義大利之北古時地屬羅馬嘉慶三年為法王拿破侖所奪隸入版圖改為十九小部後為瑞士共和國

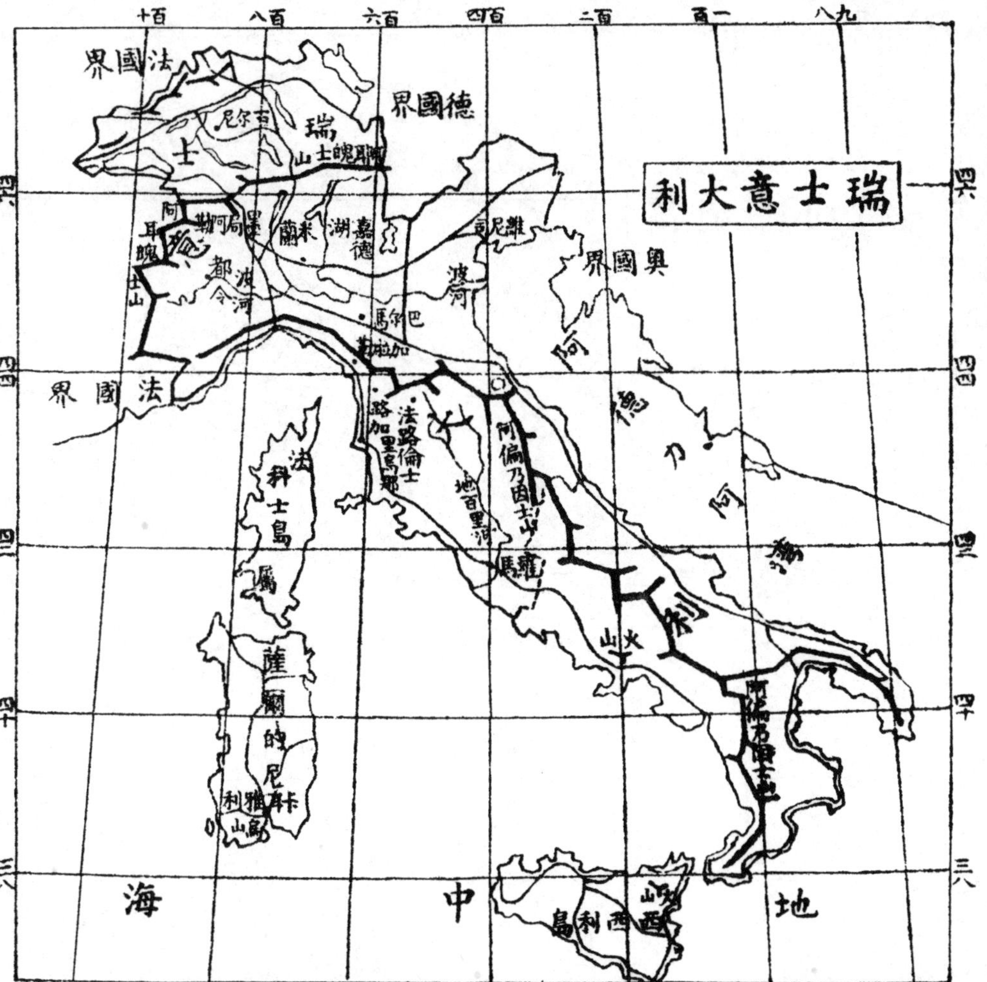

上

荷

平

胡歌切音何花名、芰荷。又胡可切音何上聲擔也、感荷

荷蘭舊名孛塔維、後以地形低窪因改今名。介在法德之間昔時與比利士皆為西班牙所占領所謂納醜倫是也。後雖不若昔日之盛、而所領海外之地猶五倍於本國云

上

比

卑履切音匕、比較也。又毗意切音避、比阿附也、比方、比例

比利時與荷蘭皆為歐洲低窪之小國。比利士所有面積較荷蘭尤狹。道光十年、與荷蘭分國而治之。後遂為立憲王國、雖為君主政體、而人民之力頗盛。以上下兩議院為國會

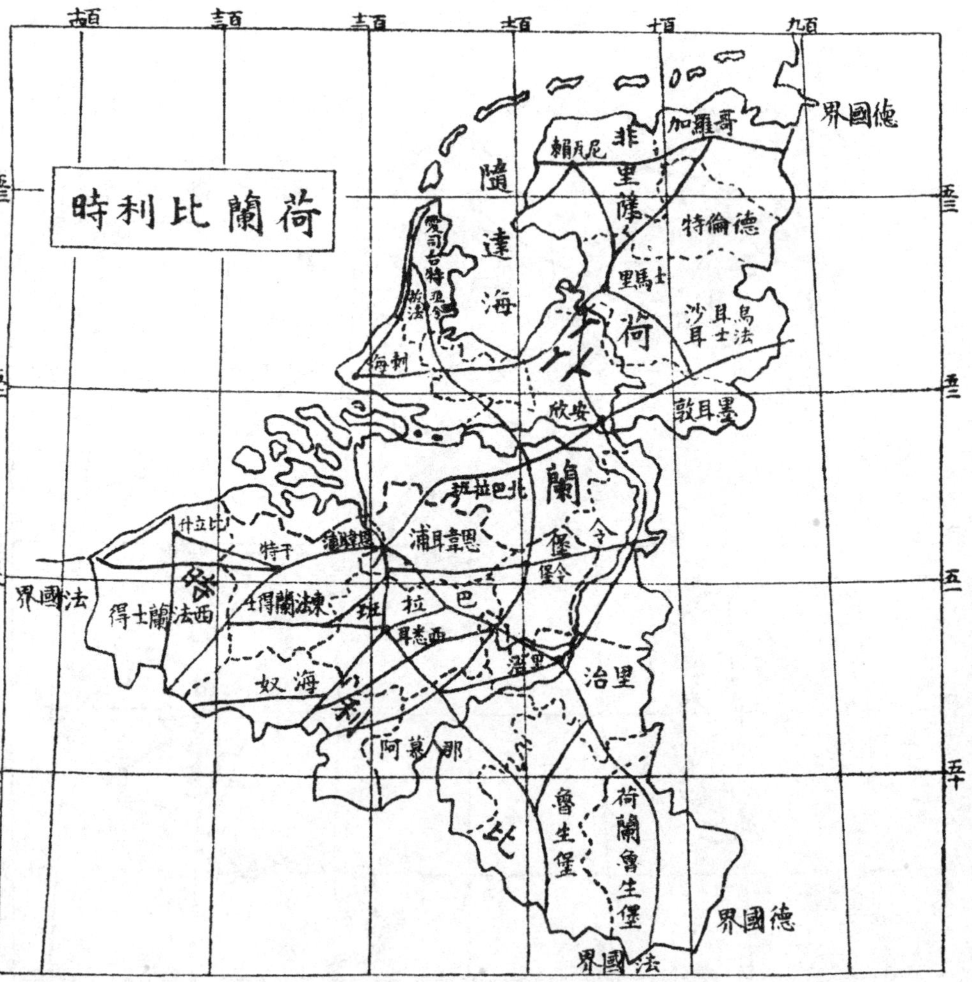

班 平

布還切音頒、次序也、又分布也、排班、班次

西班牙、即希斯烹尼兎象之義也、昔非尼亞人占有其地之時、見産兎甚多、因以名之、古時頗稱强國、其後内政大亂、遂啟國家衰頽之端

葡 平

薄胡切音蒲、果名、葡萄

葡萄牙、古與西班牙相合、後以葡萄府及牙府二都會合稱為葡萄牙、四百年前土地甚廣、近因海權日失、領地漸削、巴西亦起而自立、今日所存者、不過阿非利加沿岸及大西洋之數島

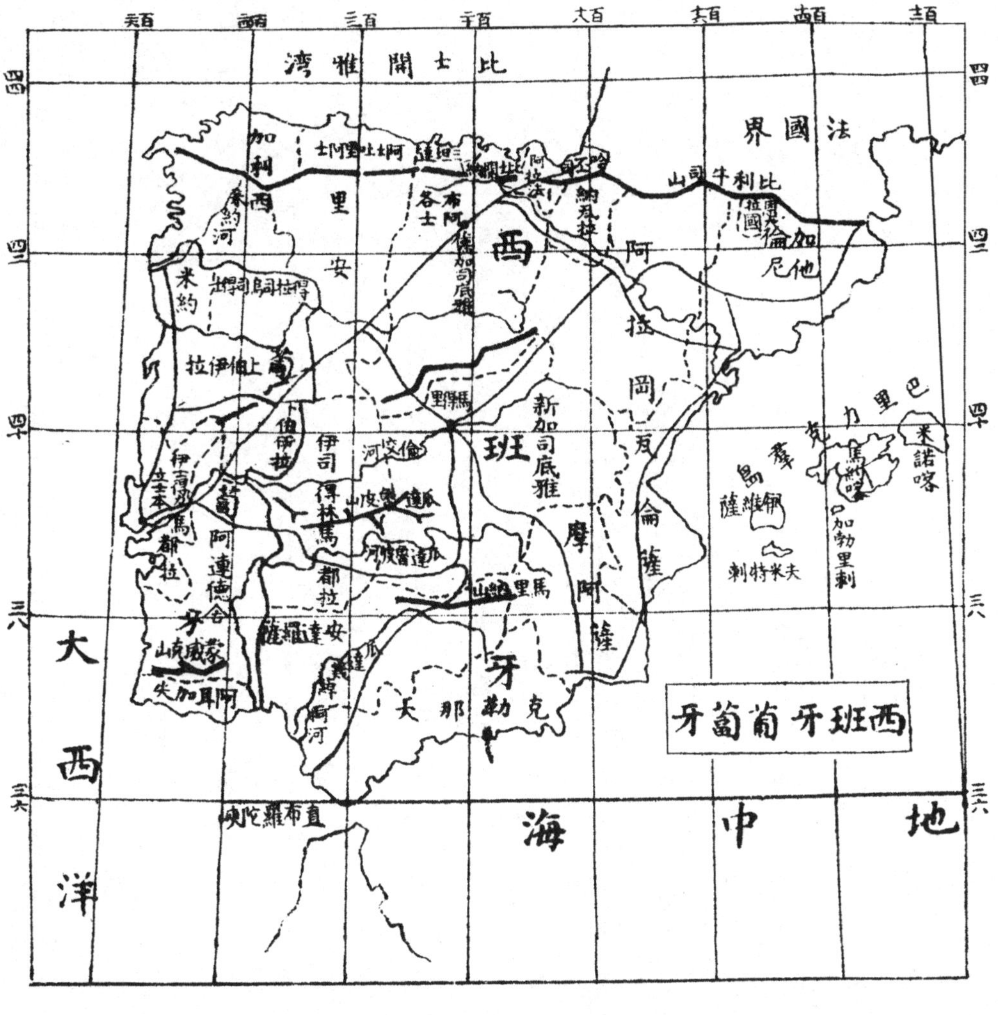

上

那

平

諾何切，音儺。何也，又安貌。乃可切，音娜，去聲，語助詞。阿那，那時。

那威，與瑞典本為一國，合稱司肯笛乃文，為歐洲極北之國。久為丹馬所統轄，明時，瑞典先起而獨立。至本朝嘉慶中，丹馬以那威之地讓為瑞典所屬國，人不服，迎丹馬王族為自立國。

丹

平

多寒切，音單，赤色。丹砂，即朱砂也。又道家有內丹、外丹之術。又牡丹，花名。

丹馬在歐洲北，合羣島為一小王國。昔時與瑞典、那威相合，共戴一王。明時，瑞典先分。至本朝嘉慶中，那威亦離。同治年間，與普、奧戰敗，割地以和，自此國益削弱，至屬地則無有也。

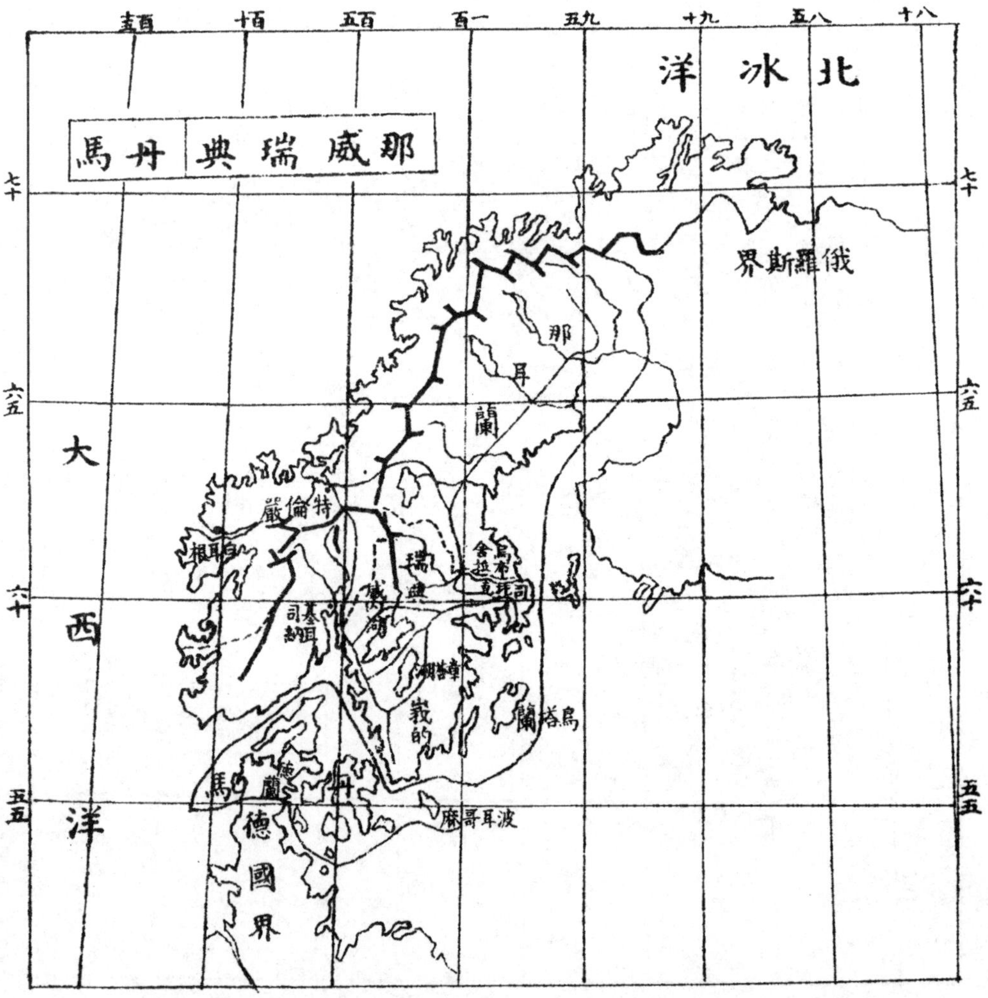

合 入

侯閤切、音閤同也、天地四方曰六合、九合 合從

眾 去

之仲切、音終、去聲、多也、三人為眾、大眾 眾位

北美合眾國、又名花旗國、其地占北美洲最要之中部、明時歐洲各國皆移民居之、後為英國所管領、至本朝乾隆四十年、有華盛頓者、聯合十三邦、而為國、又於同盟各國之外、更擴張其版圖、併英法各屬地、為三十七部、近來又購俄羅斯及西班牙各地、又奪新墨西哥、據古巴、及非立濱羣島、故版圖愈廣、

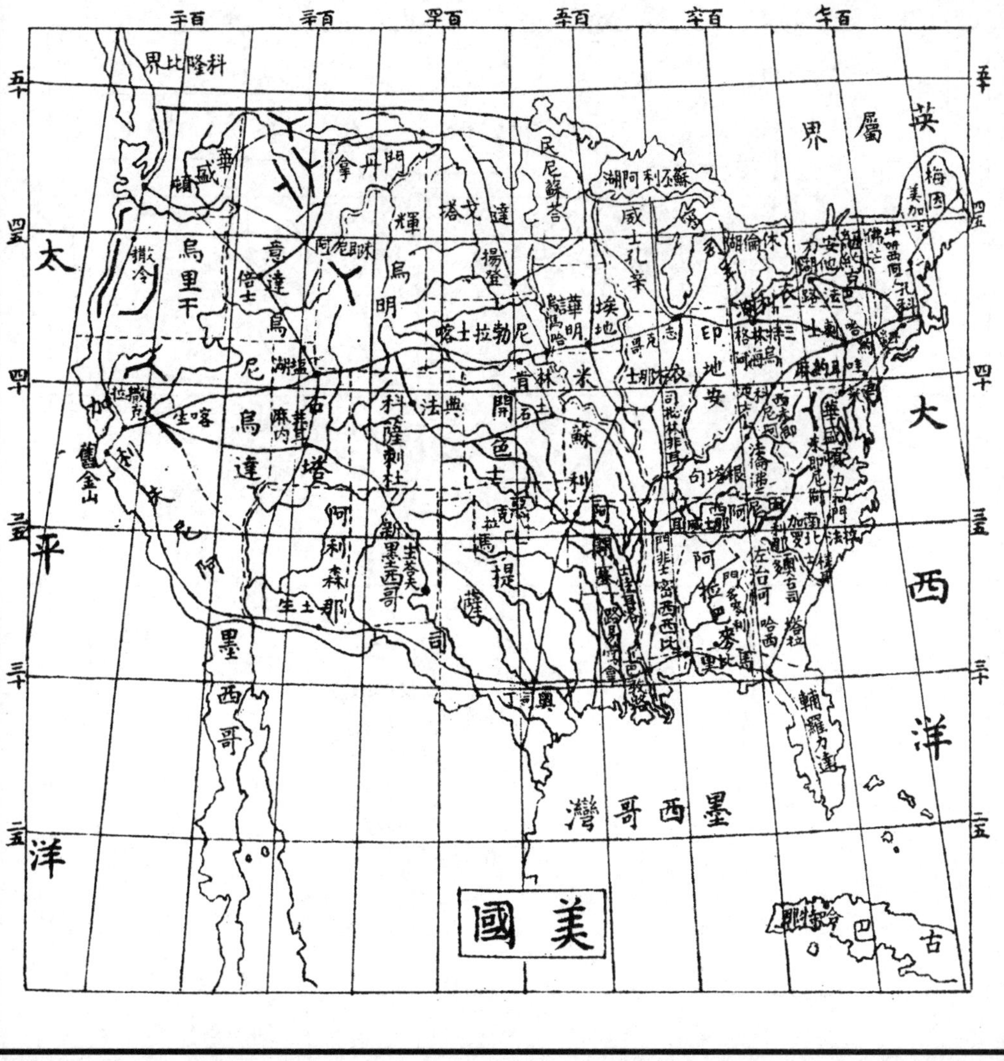

巴 平

伯加切，音芭，地名。
古巴 國名
三巴 巴峽

巴西為南美大國，占其東部之大半。其先為葡萄牙之領土，嘉慶中，遂戴葡國皇族為永遠保護之主，而為獨立國。其後又有革命，國人逐其君主，為共和國。

祕 入

兵媚切，音賁，藏也，祕而不宣也。
玄祕 祕訣

祕魯在南美之西，明時為西班牙人所闢。道光初年，國人逐西班牙之守吏，而自立為共和國。近年與智利戰敗，土地漸削，至今未能恢復云。

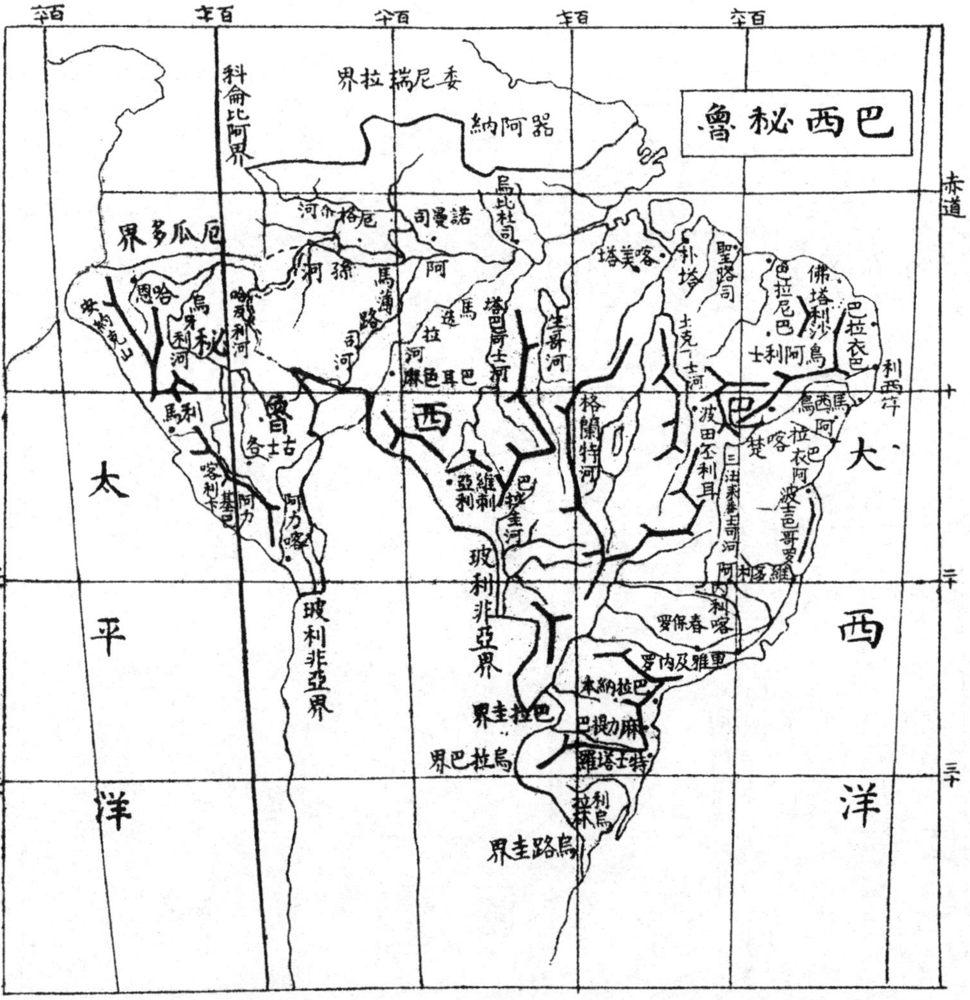

墨　入

莫北切、音默、說文書墨也、即寫字之墨、即墨、又度名、五尺為墨、即墨、墨子、

墨西哥、在美國之南、作半島形、古昔已為强大之國、明時為西班牙人所滅、自此以後、遂為西班牙之屬地、至本朝道光三年、始自立國、其北境為美國所占奪、地多銀礦、國內有造幣局數十處、每年鑄出銀貨、能通用於世界各國、今中國所用之銀洋、即其所製焉、

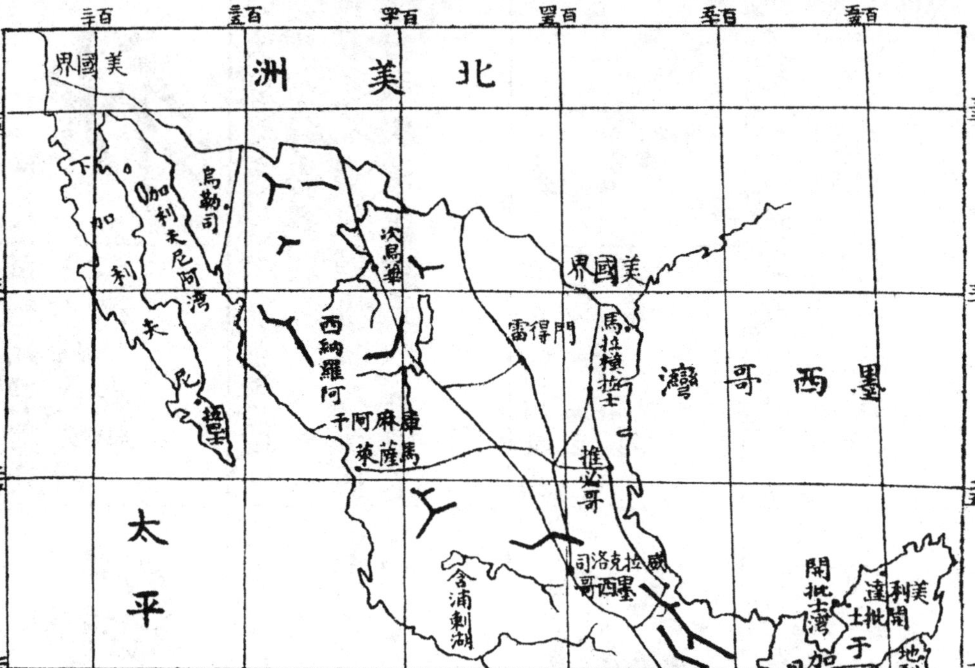

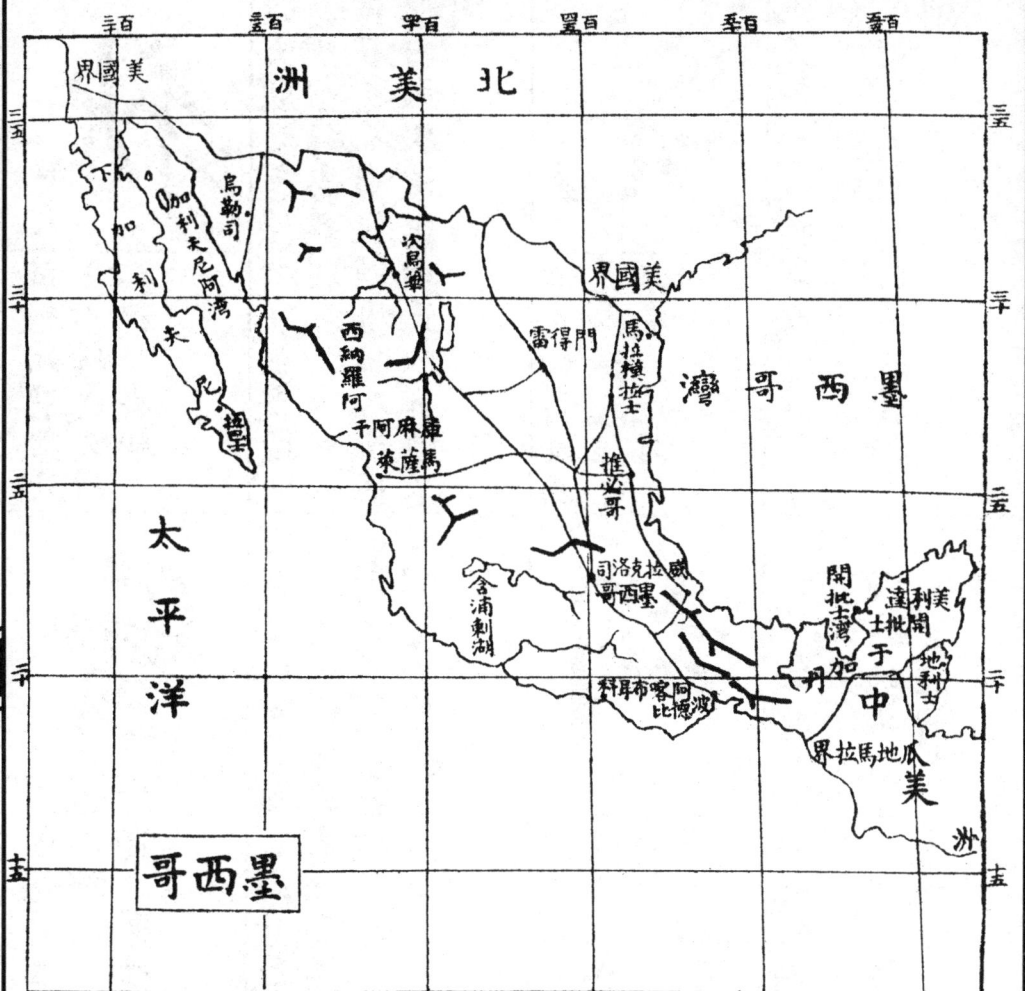

墨西哥

戎 平

而中切、音絨、西方人種也、又姓、

兵戎　戎狄

說文戎、兵也、五戎弓殳矛戈戟也、又兵車名、大曰元戎、大曰小戎、又戎大也、戎功、大功也、戎毒大毒也、　西方之人曰戎、

狄 入

徒歷切、音敵、北方人種也、又姓、

北狄、　夷狄、

說文狄之言淫辟也、白虎通狄者易也、辟易無別也、北方之人曰狄、爾雅曰、八狄、周禮曰六狄、禮記曰五狄、其說不同、

蠻 平

莫還切、音鬘、南方人種也、

持蠻　蠻橫

蠻者縻也、可縻繫之以政教也、南方之人曰蠻、唐書南蠻傳、有白蠻十姓、烏蠻五姓又綿蠻、鳥聲也、

夷 平

延知切、音姨、東方人種也、夷有九種、

九夷　夷則

夷平也、易也、如詩云、有夷之行是也、又陵夷、言凡事始盛終衰如邱陵漸平也、又馮夷、水神也、鳴穴酒器也、夷俟、展足箕坐也、

羌 平

去羊切、音蜣、西羌人種、又姓也、

氐羌　羌笛

說文羌、西戎、牧羊人、即三苗姜姓之別、舜徙于三危、在今藏衛之地、　又羌乃也、楚人發語之辭、

胡 平

洪孤切、音瑚、胡亦北方人種、漢名匈奴、

五胡　胡桃

說文牛頷垂也、又喉也、頷肉喉間肉也、其下垂曰胡、胡、即匈奴、胡者互也、言其被髮左衽、言語贄幣、事互殊也、

環地福分類字課圖說

貳

地（去）

徒利切，音弟，地底也，其體底下載萬物也，天地　地畢

球（平）

渠尤切，音求，凡物之圓者曰球，環球　球琳

地體如球成橢圓形，分晰地球之法，以上為北，下為南，右為東，左為西，極北為北極，極南為南極，中央橫線曰赤道，自東至西為緯線，赤道北曰北緯線，赤道南曰南緯線，自北至南有經線，凡定緯度者，概以赤道中線為主，定經度者，概以中國北京午線為主。

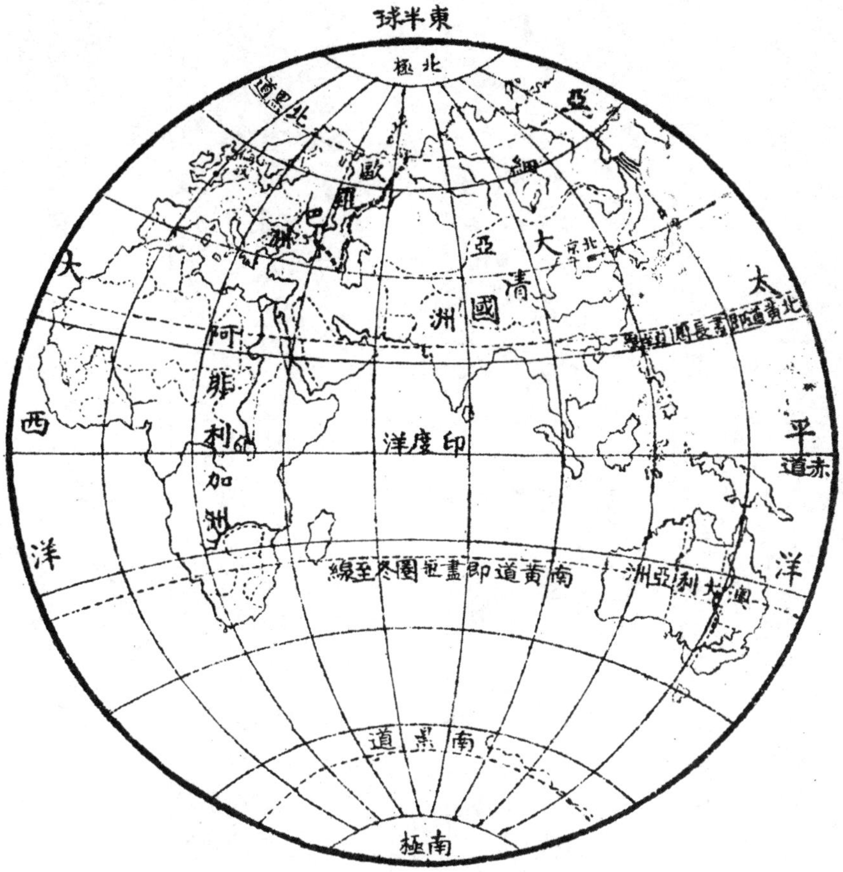

國 入

骨或切，音馘入聲，邦也，人主守土曰國，

大國　國都

王制，大國百里，次國七十里，小國五十里，九州之外曰外國，亦曰絕國，外國來附曰屬國，兩國相拒曰敵國，

都 平

東徒切，音闍，美也，

皇都　都邑

天子所宮曰都，故北京曰京都，周制四縣為都，都城不過百雉，言都城之制也，麗都閑雅，言女子之容也，

邦 平

悲江切，音梆，邦畿，王者之都也，

邦畿　鄰邦

說文，國也，大曰邦，小曰國，邦，封也，封有功于是也，漢避高祖諱，多以國易之，

畿 平

渠希切，音祈，天子所居曰王畿，今稱京畿，

皇畿　畿輔

說文，天子千里地，以遠近言之則曰畿，畿，疆也，王畿外有九畿，謂侯甸男邦采衛要內六服，夷鎮藩外三服，四面皆有，此九畿相去各五百里，

境 去

舉影切，音景，界限也，通作竟，

土境　境界

說文，疆也，一曰竟也，疆土至此而竟也，四境，國之四邊也，又邊境多故，言戰事之常興，合境乂安，言國事之安靜也，

域 入

雨逼切，音棫，界限也，

邦域　域中

天子諸侯所守土為域，所建都為邦，九域，九州也，宇內曰域中，外國曰絕域，

郡　去

具運切、音羣去聲、郡即府也、
四郡　郡守

說文、郡羣也、人所羣聚也、秦并天下置三十六郡、以統其縣、漢時因之、後世改為府、

省　上

息井切、音星上聲、
省視　省察

說文、視也、察也、又所禁切、音生上聲、禁署也、十八省、直隸、兩江、陝甘、兩湖、兩廣、閩浙、雲貴、四川、山東、山西、河南、東三省、盛京、吉林、黑龍江、

府　上

匪父切、音甫、藏財貨曰府、

周制掌財幣之官曰府、六府、水火木金土穀也、魯為長府、即以府為藏貨財之區、明制府兵、又以府而作治兵之用、

縣　去

胡涓切、音圓去聲、隸于府者曰縣、知縣、即縣官、
郡縣　縣令

縣、懸也、懸繫于府也、古作寰、楚莊王滅陳為縣、縣之名自此始、縣本是懸挂之縣、假借為州縣之縣、俗加心別作懸、非也、

州　平

職流切、音洲、直隸州　散州　知州、即州官
皇州　州牧

周制二千五百家為州、說文、州注也、郡國所注仰也、禹貢九州、冀豫雍兖荆揚徐梁青是也、今隸府者曰散州、不隸府者曰直隸州、

廳　平

他涇切、音汀、屋也、
府廳　廳房

古者治官處曰聽事、聽事言受事察訟于是也、後語直省曰廳、故加广、今隸府者曰散廳、不隸府者曰直隸廳、

城 平

是征切，音成。古城　城池

說文城成也，一成而不可毀也，天子所居曰京城，凡三市，曰外城，曰內城，曰禁城，省曰省城，府曰府城，縣曰縣城，又墓曰佳城，

郭 入

古博切，音槨，廓也，又苦廓切，與廓同，城郭

內曰城，外曰郭，凡建國必立城郭者，所以示固守也，

去
鎮

陟刃切，音震。安也，重也。又鎮江府，長江通商口岸。鄉鎮　鎮守

凡村市人民聚會之所曰鎮。中國四大鎮，漢口、景德、佛山、朱仙是也。

去
市

上止切，音恃。市買賣物也。鎮市　市景

說文：買賣之所也。古者日中為市，致天下之民，聚天下之貨，交易而退，各得其所。

鄉

去 平

虛良切音香村邑也、

鄉愿 回鄉

鄉向也眾所向往也萬二千五百家為鄉、四鄰之地曰鄉黨、又通作嚮方嚮也禮席南鄉北鄉以西方為上東鄉西鄉以南方為上、

里

上

良以切音裏邑也古者二十五家為里、

鄰里 里仁

里、路程也中國以三百六十步為一里法國以四萬分赤道之一為一里、英國一海里當中國三里有奇、

村

平

倉尊切音寸平聲聚落也、

山村 村落

鄉間人民聚處之地曰邨、俗作村、經史無村字、俟後集部如唐人詩中山村處處烟無樹即新村等句則常用之、

街

平

居膎切音佳四通道路曰街、

長街 街衢

街四出之路也、又攜也離也四出之路攜離而別也、又天街星名、又街談巷議言侈談者之多也、

閭

平

凌如切音驢、

門閭 閭閻

說文里門也周禮五家為比五比為閭閭侶也二十五家相羣侶也如倚門倚閭閭字又與門字對待而言而與二十五家為閭之說異矣

巷

去

胡降切音學去聲里中小路也

古巷 巷議

路之直者曰街曲者曰巷或作衖、又作閧義同、說文里中道也从邑从共邑中所共也、爾雅宮中壼謂之衖郭注衖即巷也、

遂 去

徐醉切、音穟、通也、田間通水之路也、又鄉遂、

郊外之地曰遂、又小溝也、周禮夫間有遂、遂上有徑、又成也、事成曰遂、事又稱也、從也、

鄰 平

離珍切、音林、近也、親也、

五家為鄰、五鄰為里、鄰、連也、言聚處相接連也、又連界之國曰鄰、國左右輔弼曰臣鄰

井 上

子郢切、音精上聲、穴地出水曰井、

田九百畝曰井、象九區之形、孟子方里而井、井九百畝、又市井、穿地取水、伯益造之、因井為市也、

邑 入

一入切、音乙、人民聚處之地曰邑、

史記舜一年而所居成聚、二年成邑、古時四井為邑、言二里也、今以縣為邑、故縣官亦稱邑宰、

甸 去

堂練切、音電、說文、天子五百里地、又通田、大甸、取禽獸也、

郭外曰郊、郊外曰甸、六十四井之地也、禹貢五百里甸服、

田 平

亭年切音闐上 已耕曰田 屯田 田園

田填也五穀填滿其中也說文陳也樹穀曰田象四口十阡陌之制也又田園將蕪胡不歸言將挂冠歸隱而治其田園也

疇 平

徐留切音酬耕治之田也 田疇 疇咨

穀田曰田麻田曰疇又並畊曰為疇又誰也疇咨猶言誰何也又曩也疇昔猶言前日也

壤 去

汝兩切音穰上 壤 原壤 壤地

說文柔土也無塊曰壤又物自生則言土人耕種則言壤又富足也與穰同列子一年而給二年而足三年大壤

阡 平

倉先切音千說文路南北曰阡 阡阡

風俗通南北曰阡東西曰陌河東以東西為阡南北為陌其實阡陌之名隨田之方向而定也又麥秀之阡阡兮阡阡盛貌

陌 入

莫百切音貊東西曰陌又市中街也 阡陌 陌路

陌之言百也俗借作百今之數錢百錢謂之陌又相逢陌路言彼此無與痛癢莫相關也

畝 上

莫後切音謀上聲田十分為畝 田畝 百畝

司馬法六尺為步步百為畝秦制二百四十步為一畝古之百畝今之四十畝今之百畝古之二百四十畝

原 平

愚袁切，音元，田原，地廣而平也。平原　原諒

原本也，農漁商賈四者衣食之本原，俗作源。又察也，宥罪曰原。說文高平曰原，人所登也。月令孟夏令野虞出行田原。

郊 平

居肴切，音交，邑外謂之郊，田野也。荒郊　郊野

五十里為近郊，百里為遠郊。天子祭天地曰郊祀。天子于冬至日祀天于圜丘曰南郊，祀地于方澤曰北郊。

隰 入

席入切，音習，說文阪下濕也。原隰

下濕曰隰，隰蟄也，蟄濕意也。又新發之田亦曰隰。又隰州地名，以州前有泉下濕故名。

隴 上

力董切，音壠，說文大阪也。邱隴　隴右

田之高者曰隴，畝亦作壟、壟、[illegible]。言以左右望而往市利也。漢隴西郡，即今陝西鞏昌府，其地有隴西，郡在山之西，故名隴西。

埸 入

夷益切，音亦。疆埸

說文田畔也，大界曰疆，小界曰埸。又邊境也。又詩疆埸翼翼，毛傳埸田間界限，與溝塍大同而小異。

墟 平

邱於切，音虛，地大而荒謂之墟。坵墟　墟墓

說文昆侖之坵謂之墟，注墟大邱也。爾雅雖不解墟，而曰非人所為曰邱，自是墟字實義。又姚墟殷墟，言大邱之空曠也。

園　平

于元切音袁種樹之所也有藩曰園

園地　名園

説文所以樹果也園者囿之樊也、其内為囿築牆垣以隔之囿之外為園園有藩籬以植樹木宜于游觀如今之花園是也、

囿　去

爰救切音右有牆曰囿

園囿　靈囿

説文苑有垣也、一曰禽獸有囿古有囿人掌囿游之獸禁、又九囿即九州也、又識不通廣曰囿猶拘墟也、

圃　上

彼五切音補、

場圃　老圃

説文種菜曰圃樹果蓏者亦曰圃又春夏為圃秋冬為場場圃連言者因皆宅中隙地也、

藪（上）

蘇后切，音叟。大澤曰藪。淵藪

周禮有掌藪之官，爾雅具十藪之名，俱以稽人之入藪捕魚而達于王朝者也。又捕逃主萃淵藪，言人之負罪而逃也。

窟（入）

苦骨切，音哭。獸之所居謂之窟。三窟　窟穴

窟即穴字之替代。上古民穴居而野處，即掘地為窟而居也。故凡獸之所居者皆曰窟，即凡物之有穴者亦俱可謂之窟也。

岸（去）

魚幹切，音暗。望崖高而水深者為岸。河岸　岸邊

岸者臨深水而高峻可立人處也。故魁岸、傲岸，喻其人之高峻也。

畔（去）

薄半切，音叛，義同。澤畔　畔岸

說文田界也。畔者一夫百畝田間之界限也。又畔離猶背畔也，畔援猶武強也。

隘（去）

烏懈切，音艾。器量褊狹謂之隘。窄隘　隘狹

巷之窄者謂之窄，隘山路險阻謂之險隘。人之器量之小者亦俱謂之隘也。故柳下惠謂之不恭，伯夷謂之隘也。

鄙（上）

補委切，音比。郊外謂之鄙，又五百家為鄙。卑鄙　鄙夫

鄙否也。小邑不遠通也。又邊地曰邊鄙。又陋也，凡嗇于財者曰鄙陋。又周禮以八則治都鄙，蓋治王子弟公卿大夫之采地也。

堆 平

都回切音對平聲、

平堆 堆積

堆聚土也、

堆

隄 平

都兮切音低防水者謂之隄又岸也、

長隄 隄畔

隄防也、與堤同月令修理隄防又橋也爾雅隄謂之梁、梁即橋也、

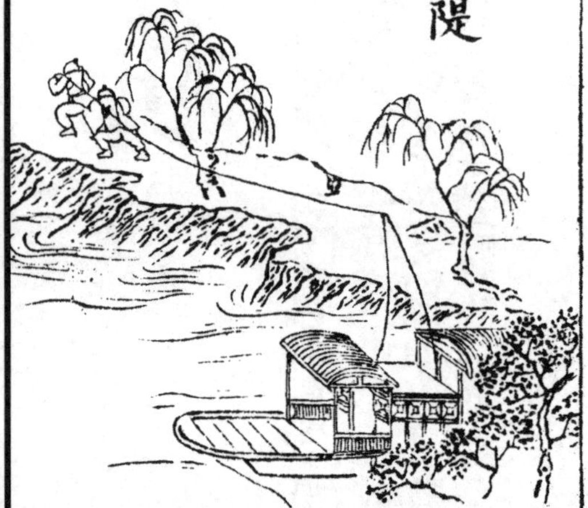

隄

防 平

扶方切音房河堤也、

兵防 防營

又府良切音方如村坊建坊是

防障水之隄也防為水陸之界故分界處亦曰防

隅 平

元俱切音虞銳曰角方曰隅、

廉隅 一隅、

說文陬也、又角也角之方而不銳者曰隅城隅城角也亦曰城陬屋之四隅四角也禮童子隅坐而執燭

郵　平

于求切、音尤、過也、郵筒帶書信者、

置郵　郵政

步傳曰郵、說文、境上行書舍也、西國皆立郵政、歸國家辦理、今中國亦仿行之、各處設立郵政局、又郵亭田間草舍也、

驛　入

夷益切、音亦、遞馬也、

駱驛　驛站

馬傳曰驛、即今遞文書也、往來不絕曰駱驛、又傳舍也、凡鄉鎮要衝之地、皆有驛館、

衝　平

尺容切、音穜、當也、向也、要路也、

街衝　衝逐

說文、通道也、路之四達者曰衝路、言南北東西、各有路相衝也、又對敵曰衝突、

橋　平

祁堯切、音喬、水梁也、凡器之有橫梁者曰橋、

浮橋　橋梁

古時懸繩以渡、曰絙橋、史記、秦昭王五十年、始作河橋、後世乃有石橋、鐵橋、又有既可渡人、且可拽起者、曰浮橋、諺云、勒馬造橋、言其速也、

梁　平

力羊切、音量、石絕水者為梁、

輿梁　澤梁

聚石水中、以為步渡彴也、與橋之類、大同而小異、古者澤梁無禁、言從人取魚而不之禁也、周禮、虞人掌之、又汴梁、地名、大梁、國名、

壩　去

必駕切、音霸、堰也、所以截水流者、

築壩　壩工

壩者、霸也、聚土以截水、猶霸者之以霸勝也、今人有以船繫纜、岸上人拽而過之、謂之過壩、鹽過壩謂之盤壩、俱以力勝、而始能過也、

樊 平

附袁切、音煩、鳥之籠也、

樊籠　籬樊

樊、削竹而縱橫、交互為之、以籠鳥者曰樊籠、以屏蔽者曰樊籬、

籬 平

鄰溪切、音離、

竹籬　籬笆

籬、離也、編柴竹為之、使疏離也、籬所以為藩蔽也、故凡有屏蔽者曰藩籬、

徑 去

吉定切、音經上聲、小路也、又山徑、易、艮為山、為徑路、

徑直

路之小而捷者曰徑、說文、步道也、路不容車、故曰步道、又直也、捷也、

野 上

以者切、音也、田野廣遠之地也、

四野　野曠

邑外曰郊、郊外曰野、莊子、野馬、遊氣也、又樸野、鄙俗也、

塗 平

同都切、音徒

經塗　塗次

塗、路也、爾雅、路、旅、塗也、又泥也、禹貢、厥土惟塗泥、又杜也、杜塞孔穴也、又糊塗、不分曉也、

泥 平 去

奴低切、音尼、水和土也、

污泥　泥塗

水積于土則成泥、爾雅、水潦所止曰泥邱、泥、不通也、又乃計切、音尼去聲、論語、致遠恐泥、泥、執滯也、引申為拘泥之泥、

關 平

古還切，音瘝。關閉也。又邊城曰關。又稅關。

邊關　關防

說文以木橫持門戶也。要會之地曰關。古者設關以守隘，今則立關以收稅矣。又關關，和鳴之貌也。

限 去

乎簡切，音硍。界限之所在謂之限。

有限　限制

限者，所以區別彼此而莫能踰者也。故易曰艮其限，爾雅曰門限，俱此義也。又諺云有限，言其少也；無限，言無定准也。

塞 去 入

悉則切，音塞。不通曰塞。

通塞

先代切，音賽。邊城也。

關塞

月令天地不通，閉塞而成冬。又國之險要曰塞。又先代切，音寨。邊城曰塞。今東北起長城，西北至嘉谷關，皆邊塞之地。

岐 平

渠宜切，音跂。岐路，路之枝出者。

兩岐　岐路

道路旁出曰岐。

界 去

居拜切，音戒。區彼此謂之界。

邊界　界址

彼此接壤，區而分之，以之為限。界者，所以定物之數而泯人之爭者也。故凡國與國接壤則必有界，田與田接壤亦必有界也。

險 上

虛檢切，音獫。道路崎嶇曰險。

奇險　險峻

險者，阻也，將以阻人之行而使之傾跌也。故路之崎嶇者曰險，途人之奸詐者曰險惡。又今有保險，則使人出危險而就康莊也。

沙 平

所加切、音紗石之細碎者也、

飛沙 沙石

赤野千里盡行沙漠謂之翰海又外蒙古地方自車臣汗以訖新疆蘭州地方、萬里亦全行沙漠也、然較之阿非利加之沙漠猶為不及云、

漠 入

慕各切、音莫沙土也、

沙漠 漠漠

地臨邊境曠遠綿邈謂之沙漠、古者頗牧之宣威沙漠言威嚴之振於彼也今黑龍江有漠河、其地產金與俄接壤 又泊然無欲淡然寡營謂之淡漠、

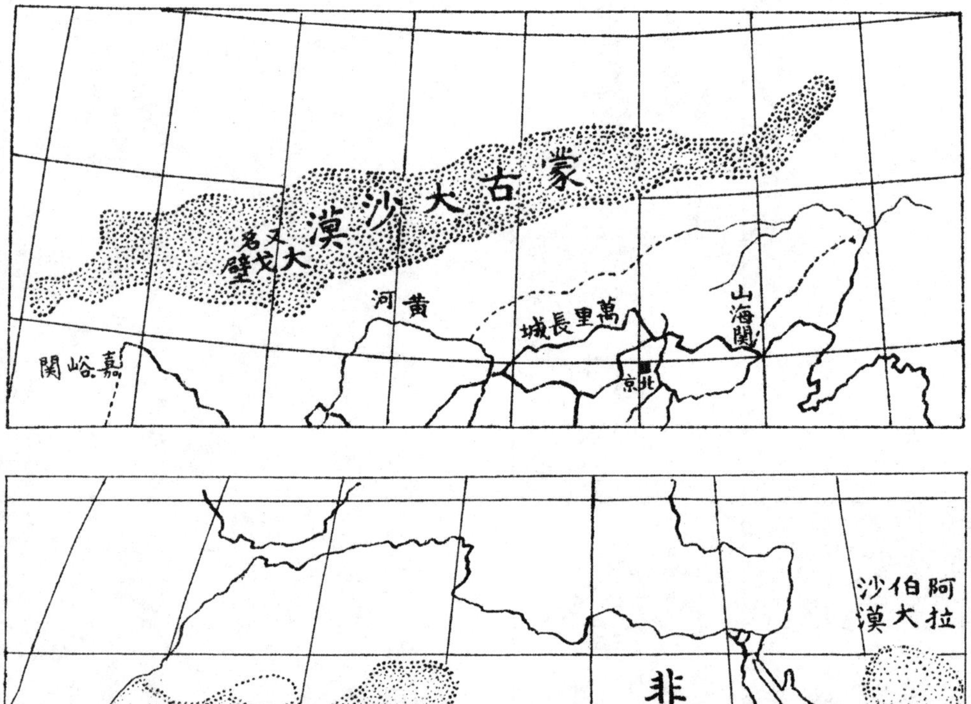

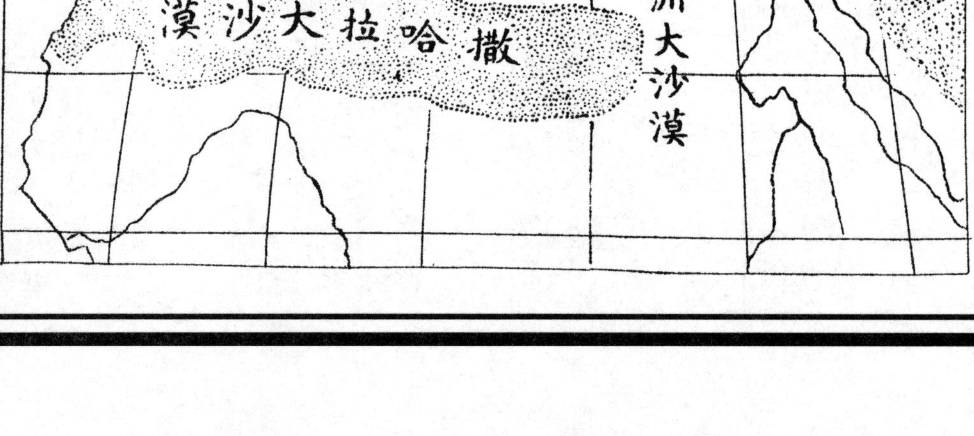

山

平

所閒切，音刪。産萬物者曰山。

山水　青山

說文：山，宣也。宣氣發生萬物，有石而高者也。山海經：山分東西南北中五。南自蜀中西南至㝵越諸山界，西則自華陰以至積石，北則自狐岐以至孟門，東則自泰岱沿海諸境。

泰

去

他蓋切，音太。東嶽名。

泰山　驕泰

泰，安舒也。泰山為東嶽，五嶽之宗也。說文：泰省作太，泰从水，俗作小非。

岱

去

度耐切，音逮。五嶽之長也。

岱畎　泰岱

說文：岱，泰山也，在山東泰安府。山高四十餘里，其陽為魯，其陰為齊。白虎通：東岳為岱宗者，言萬物更相代于東方也。

華

平　去

胡瓜切，音划色。美之稱。

華夏　繁華

花之開者謂之華，與花朵之華微別。又胡化切，音話，西嶽名，在陝西華州。

嵩

崧

平

思融切，音崧。中嶽名。

崧辰　嵩岳

山大而高者謂之嵩。白虎通：中嶽獨加高字者，中央在四方之中，可高，故曰嵩高。

恒 平

胡登切音峘久
也北嶽名、
恒星、 有恒、

恒、常也、故恒山、一名常山、因避漢、文帝諱、而改、在今山西大同府、

衡 平

户庚切音行、横木曰衡、又南嶽名、
衡嶽 權衡

衡、平也、所以任權均物、平輕重也、南嶽曰衡山、在湖南衡山縣、又名霍山、衡之名霍、猶泰之名岱也、

霍 入

忽郭切音藿揮霍、疾貌、又南嶽名、
霍山 衡霍

霍、疾飛也、霍霍、鳥飛聲、霍然而愈、言其速也、白虎通、南方為霍、霍之言護也、言太陽用事、護養萬物也、霍山、即衡山、一名天柱山、霍之與衡、一山而二名者也、

谷 入

古陸切音穀、兩山間流水之道也、
深谷 谷中

水注川曰谿、注谿曰谷、說文、泉出通川為谷、从水半見出于口、又日出處曰暘谷、日入處曰昧谷、亦曰幽谷。

嶺 上

良郢切音領、山之肩也、數山相連而長者曰嶺、
山嶺 嶺上

說文、山道也、山之肩領可通道路者曰嶺、古通領、領之作嶺、猶顛之作巔也、

嶼 上

象呂切音胥上聲、海中平島曰嶼、
島嶼

說文、島也、海中之洲、如鼓浪嶼、檳榔嶼、是地球上澳薩尼阿、皆以島嶼立國、故又稱大洋洲、又平地小山也、在水為島、在陸為嶼、

坡 平

晋禾切音破平聲、折阪也、

平坡　坡澤

山之斜而上者曰坡、今滇俗稱山嶺亦曰長坡、

巖 平

魚咸切音岩、山之險也、

巖壑　巖巖

說文岸也、从山嚴聲、或作嵒、从品象山連屬之形、又巖廊、殿廡也、

島 上

都老切音到、海中之山曰島、

蓬島　島夷

凡環海為國者名曰島國、歐州以島立國者居多、南洋羣島大小以百計、今西人悉闢為通商埠頭、舊時諸酋長今存者鮮矣

嶽 入 岳

逆角切音岳、東岱、南衡、西華、北恒、中嵩、是為五嶽、

華嶽　嶽宗

山高而尊者曰嶽、唐虞四嶽、至周始置中嶽、又通作岳、

巖

西法畫海島面

中法畫海島側面

嵐 平

魯寒切音婪，山氣也。

山嵐　嵐氣

山氣蒸潤積成烟霧者曰嵐。說文嵐山名。又嵐州地名，後魏置，昔為匈奴樓蘭王所居。

岡 平

居郎切音剛，爾雅山脊岡。

岡嶺　高岡

說文岡山脊也，从网从山，取上銳下廣之形。說文岡本从山，俗又加山作崗，非。

陵 平

力膺切音凌，土山之大者曰陵。

岡陵　陵谷　陵夷

大阜曰陵，帝王之冢亦曰陵，謂其高大如山陵也。

岷 平

武巾切音民，山名，或作嶓。

岷嶓

岷山在四川龍安府松潘廳西北二百二十里，岷江之水源出此山，連峯接岫，千里不絕，凡西蜀之山皆岷山也。

砥 上

諸氏切音紙，平也。周道如砥。

砥礪

砥磨石也，礪石之精者曰砥。

穴 入

胡决切音坹，鑿地而空其中曰穴。

穿穴　穴居

穴窟室也，上古之民未有家室，穴居而野處焉。

去

洞

徒弄切，音恫。中空曰洞。

山洞　洞天

洞，達也，言水流無所不達也。洞庭湖在湖北岳州，為五湖之一。洞庭山在江蘇吳縣。江蘇之太湖亦謂之洞庭湖。

入

瀑

步禾切，音僕。

瀑布　飛瀑

説文：疾雨也。飛泉懸水也。山間急流自上注下者謂之瀑布。水之濆起者亦曰瀑。

去

礪

力制切，音例。磨也。

磨礪　礪砥

石之粗者曰礪，用以磨刃也。

石

入

常隻切音碩山骨曰石

頑石　石斛

土精為石、石者、土之核也土之有石猶肉之有骨也易艮為山為小石故石亦訓山骨、又量名、十斗曰石又衡名三十斤為鈞四鈞為石、

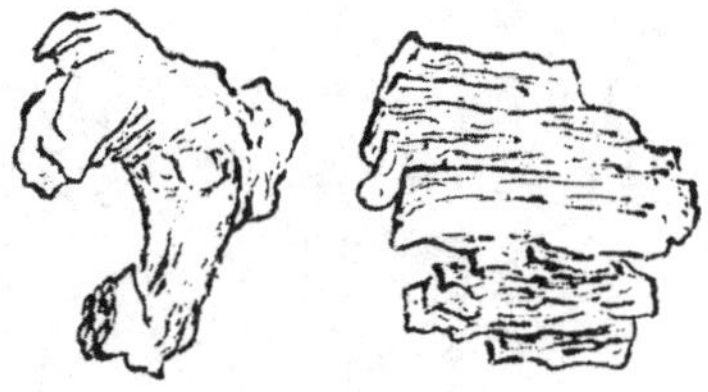

磁

平

疾之切音慈陶器也、

磁石、　電磁

吸鐵之石亦曰磁凡鋼鐵磨之以磁或通之以電皆能成磁、今泰西電學家多用之、

阬

平　坑

容庚切音砊高阜曰阬、

坑谷　坎坑

阬又訓低陷之處曰坑俗稱圊廁曰坑廁亦取低陷之義、

坎

上

苦感切音欿陷也、

習坎　坎坷、

穿地成穴曰坎、又險也易卦坎為水、取其陷于重險、不得自脫之義、

邱

平

去鳩切，音蚯。土阜也。

邱陵 土邱

四邑為邱，四邱為甸。爾雅：非人為之曰邱，言地自然生也。又四方高而中下曰邱。小陵亦曰邱。然邱墓、邱陵亦取象于中高也。邱古作丘，今避孔子諱。

壑

入

何各切，音臛。水之所歸為壑。

邱壑

壑，受水之處也。海曰大壑，又曰巨壑。莊子：大壑之為物也，注焉而不滿，酌焉而不竭。俗作壡，非。

灘

平

他丹切，音攤。水邊隙地也。

沙灘 灘邊

灘，水濡而乾也。河濱之漬水，而涸者曰河灘，沿海者曰海灘。又太歲在申曰涒灘。又許旱切，與暵同。說文作𤅊。

江

平

古雙切，音杠。四瀆之一也。

長江 江海

揚子江，又名長江，為亞洲極大之江。發源于青海，流入東海，經行江蘇、安徽、江西、湖南、湖北、四川六省，及青海大地。其源流之長，計一萬餘里。其江面之濶，自五百丈至八千餘丈不等。

壑

灘

阜 去

房缶切、音蝨、土山曰阜

邱阜　阜財

說文、山無石者、爾雅、大陸曰阜、又盛也、多也、高厚也、如阜財阜民意、又曲阜縣、孔子所生之地、

阜

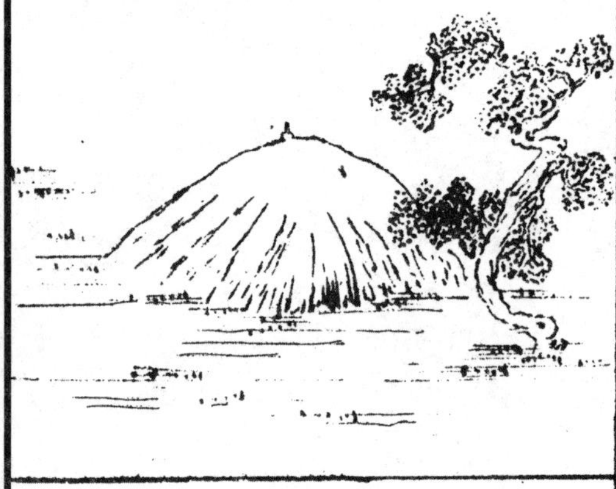

峯 平

敷容切、音風、山之尖銳者曰峯

峯巔

說文、山耑也、義取于耑、直上而銳也、

峯

峽 入

胡夾切、音洽、兩山之間曰峽

海峽　峽江

三峽、謂西陵峽、歸鄉峽、巫峽、七百里中兩岸之山相連不斷、非正午不見日光、在今湖北宜昌至四川夔州之間、

峽

水 上

式軌切，稅字之上聲，地面之流質也。

山水　水火

附于地面流而不息者為水，以地球面積計之，水約居十之七焉。又水星與日最近，為八大行星之一。

湖 平

洪孤切，音胡，說文，大陂也，又水名。

五湖　湖海

中國有至大著名之五湖，江西之鄱陽湖，江蘇安徽之丹陽湖，湖南之洞庭湖，江蘇浙江之太湖，青草湖，周禮揚州其浸五湖，即今太湖也，以其兼長蕩湖射湖貴湖滆湖，故亦謂之五湖。

河 平

寒歌切，音河，四瀆之宗也。

黃河　河源

黃河發源于青海，流入直隸海，股徑行山東河南陝西山西甘肅五省，并青海大地，共長九千餘里，河流湍急，故將兩岸之泥土衝塞，時有外溢之患。

瀛 平

怡成切，音盈，海也。

瀛寰　蓬瀛

史記大瀛海環其外，即今之太平洋大西洋印度洋南北兩冰洋也。海中有三神山，曰蓬萊方丈瀛洲。

洲 平

職流切、音周、洲聚也、人物所聚息之處也、古文本作州、後人加水、別州縣之州、

九洲、洲嶼、地球分五大洲、東半球、亞西亞洲、歐羅巴洲、阿非利加洲、澳塞尼亞洲、西半球、亞美利加洲、美洲又分南北、故亦稱六洲、

洋 平

移章切、音羊、水之汪洋無際者曰洋、直隸東三省為北洋、江浙閩廣為南洋、

北洋　洋洋　地球五大洋、北極為北冰洋、南極為南冰洋、亞歐之東、美之西為太平洋、美之東、歐之西為大西洋、亞之南、非之東、澳之西為印度洋、

港 上

古項切、音講、說文、水分流也、

小河謂之港、港者、大河之分流也、香港、地名、在廣東省、今為英國占據、

渠 平

求於切、音瞿、積水謂之渠

說文、水所居也、史記、大渠曰河、小渠曰溝、又軒渠、笑貌、又俗謂他人為渠儂

漢 去

虛汗切、音暵、大江之分派也、河漢　漢陽

今陝西之東南鄭縣有水、其名為漢、又朝代名、高祖劉邦為西漢、光武劉秀為東漢、後劉備建都西川為蜀漢也、

溪 平

苦奚切、音谿、澗之別名也、西溪　溪壑

爾雅、山瀆無所通曰溪、溪水之出于山而入于川者也、又唐有玉溪、溪之名也、

滄 平

七剛切音倉水名、滄洲　滄海

滄寒也天地之道有滄熱、滄浪水名在湖北均州境內、

灣 平

烏還切音彎水曲也、又地名　轉彎　灣曲

凡路之轉處曰灣、水之曲處亦曰灣、臺灣島名本隸中國甲午之後割與日本膠州灣地名在山東省近租與德人、已開商埠

淮 平

户乖切音懷四瀆之一青州之浸也、淮安　江淮

淮圍也圍繞揚州分界東至於海也在今河南南陽府、

澗 上

居莧切音覸　溪澗　澗水

說文山夾水也、澗間也言水在兩山間也、又水名澗水出河南繩池縣、

涯 平

五佳切音崖水濱也、天涯、　涯岸

水之濱曰涯凡無盡者皆曰無涯、

泗 去

息利切音四水名青州之川也　淮泗　泗州

泗水出山東泗水縣陪尾山流至曲阜縣與沂合、又涕泗哭泣也自鼻曰泗、

上

潁

庚頃切音穎水名荊州之浸也
潁上　潁川

潁水出河南登封縣東二十五里陽乾山東南流至安徽潁上縣入於淮

入

洛

力各切音落水名雍州之侵也
伊洛　洛陽

今洛水分南北二條南洛發源於陝西簡州熊耳山至河南氾水縣滿家溝入河北洛發源于甘肅慶陽府白於山至陝西朝邑縣入河

平

淇

渠宜切音其水名
淇園　淇竹

淇水發源于河南衛輝府輝縣八里之共山東南流至淇縣與清合

去

涇

堅雲切音經水名雍州之川也
涇原　泗涇

涇通也謂通流也涇河出甘肅平涼縣笄頭山東北流至陝西高陵縣合于渭涇水清渭水濁二水合流絕不相混

去

渭

于貴切音胃水名雍州之浸也
渭河　涇渭

渭之為言布也漢渭衆波聲渭河貫陝西全省之中其流入黃河處有潼關兩旁重山壁立為至西安之要路

平

汾

符分切音濆水名
汾水　汾州

汾水在山西省源出省之北經太原西南入河為山西全省之利用
又方文切音分汾沄衆盛貌

沂
平

魚衣切，音溰，水名，青州之浸也。

浴沂　沂洲

沂水出山東青州府臨朐縣沂山之西，沂山一名東泰山。

潼
平

徒東切，音同，水名。

梓潼　潼關

拾遺記：北極之外有潼海之水，今潼關之西有潼水，故名潼關。

濟
上

泲

子禮切，音秭，水名，四瀆之一也。子計切，音霽，渡也。

泲歸　濟河

禹貢：導沇水東流為濟，濟，濟也。源出黃河之北，濟黃河而南，在山東省治地，故省城稱濟南府。

滬
去

後戶切，音互，水名，上海縣亦曰滬。

滬上　淞滬

列竹於海澨曰滬，俗言䉪也。上海又名滬江，為中國極大之商埠，周約百里，距海口六十里，城周九里，昔為一小漁村，今為亞東之巨擘矣。

淞
平

息恭切，音松，江名。

吳淞　淞濱

吳淞江在上海之東北，相去四十餘里，為長江第一重門戶，近有火車往來上海。

瀆
入

杜谷切，音牘，水注澮曰瀆，江漢河濟曰四瀆。

滬瀆　瀆濱

瀆，獨也。谷獨出其水以注海也。白虎通：瀆者，濁也，中國垢濁，發源東注海，其功著大，故稱瀆。風俗通：瀆所以通中國垢濁。

澎 平

披庚切音磅、地名、
澎湖　澎湃

澎濞水聲、一曰擊水聲、澎湖列島在台灣之西南、本為中國屬地、甲午之役割與日本、

浦 上

旁五切音普、水厓也、又地名、水名、
黃浦　浦灘

說文瀕也、大水有小口別通者曰浦、又水源枝注江海邊曰浦、黃浦江在上海城東、為長江之支流、商務之盛皆賴此江、

淵 平

烏圓切音弲、深也、
深淵　淵淵

說文回水也、古作㴊、从水象形、左右岸也、中象水貌、又水出地而不流者、名曰淵、

泉 平

才緣切音全、水由地中出也、
泉水　流泉

說文水原也、象水流成川形、立泉、瀑布也、醴泉、膏露也、泉布、錢幣也、其藏曰泉、其行曰布、取流通四達之義、

渚 上

之與切音煮、
江渚　牛渚

爾雅小洲曰渚、渚遮也、能遮水使旁迴也、詩江有渚、註水岐曰渚、

潦 上

路皓切音老、積水曰潦、
行潦　潦雨

說文雨大貌、又路上行水也、大雨積塗、不及流、行名曰潦、又潦倒、蘊藉貌、

澤 入

直格切、音宅、光潤也、又川所聚曰澤、
川澤　澤國

澤水之鍾也、水草交厝曰澤、澤者言其潤澤萬物、以阜民用也、又天降時雨曰膏澤、惠愛生民曰德澤、

池 平

除知切、音馳、停水曰池
池塘　研池

穿地通水之處、圓者曰池、曲者曰沼、說文池、治也、又城塹曰溝池、又咸池樂名、咸皆也、池之為言施也、言德之無不施也、

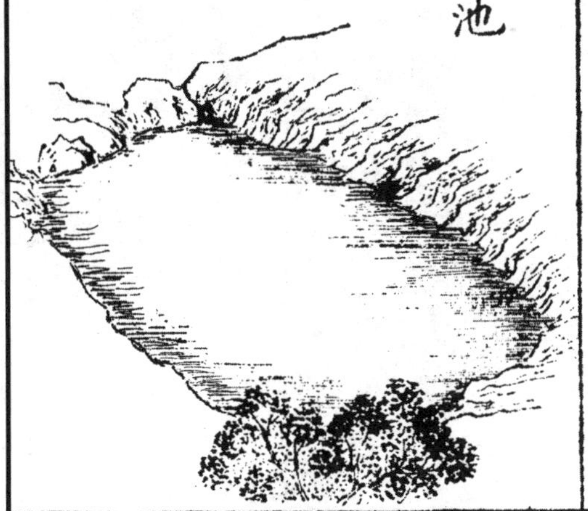

溜 去

力救切、音霤、義同、水溜　簷溜、

溜簷下水滴之處也、水之急流亦曰溜、弱水三千、舟行遇風、一失入溜、則水弱而沈溺、

滴 入

丁歷切、音的、
點滴　滴瀝

說文水注也、涓滴水點也、又瀝下也、亦作適、

濱 平

卑民切，音賓，水際也。濱海、水濱

與瀕通，又必鄰切。濱，邊也。水濱猶言水邊也。

泡 平

匹交切，音抛，水面之浮漚也。幻泡、泡影

以管置水中而吹之，則成泡。猶實氣于脬中，而成泡也。今西人所製之氣球，取意于此。

源 平

愚遠切，音元，由流而逆溯之曰源。源頭、溯源

說文：水泉本也。水始流出為源，故曰源流。有流者，必有源；猶有末者，必有本也。

濤 平

徒到切，音陶。說文：大波也。洪濤、濤頭

水之涌起者曰波，波起而復還者曰濤。又風濤，大風之聲也。又大到切，音導。說文：溥覆照也。

瀾 平

郎干切，音闌。大波也。波瀾、瀾江

說文：瀾，連也。言波體流轉相連及也。爾雅：大波為瀾。又瀾漫，分散也。海上無風曰安瀾。

派 去

匹卦切，音㡿，分支也。派頭、支派

說文：別水也。水之分流為派。

塘 平

徒郎切音唐隄也、
池塘　塘報

塘築土以止水也凡沿海捍水之處謂之海塘、

沼 上

止小切音昭上聲、
靈沼　沼上

說文池也圓者曰池曲者曰沼

冰 平

悲陵切音逼平聲、水凝曰冰、
敲冰　冰糖

說文本作仌今文作冰冰者窮谷陰氣所聚不洩則結為伏陰而成冰地球南北兩極有冰洋其冰亘古不解俗作冰非、

沿 平

余專切音鉛
沿邊　河沿

說文沿緣水而下也又順流而下、亦曰沿、又循也猶因述也、

沼

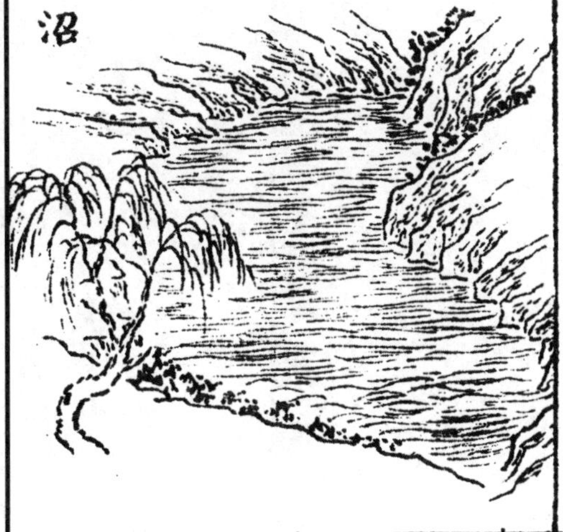

冰

溝

平

居侯切音鉤田間之水曰溝、古項切音講與港同水分流也

溝塍　陰溝

溝構也縱橫相交構也周禮十夫有溝溝上有畛說文水瀆廣四尺深四尺謂之溝爾雅水注谷曰溝

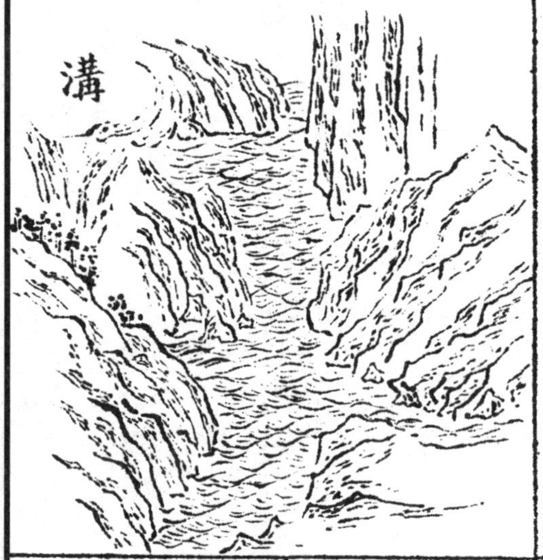

洫

入

呼臭切音侐田間水道也

溝洫　由洫

百夫有洫洫上有塗說文廣八尺深八尺謂之洫

津

平

資辛切音今泛舟渡河曰津

迷津　津貼

說文渡也書大會于孟津孟是地名津是渡處又濟渡後學之意曰渡津又天津地名

渡

去

獨故切音度去聲通也

野渡　渡船

說文濟也濟河曰渡

朝

平

臣見君曰朝。朝猶早也，謂平明入朝也。古者天子三朝，路門為燕朝，路門外為治朝，皋門内庫門外為外朝。又陟遙切，音昭。說文，旦也。從旦至食時為朝。

馳遙切，音潮。人君聽政之處也。本朝、常朝、及朝賀，在太和殿。御門聽政，乾清門。

廷

平

說文，廷，停也。人臣所集之處也。又正也，直也，平也。人君正己率物，人臣直道事君，則國治而天下平。

唐丁切，音亭。說文，朝中也。朝廷　廷議

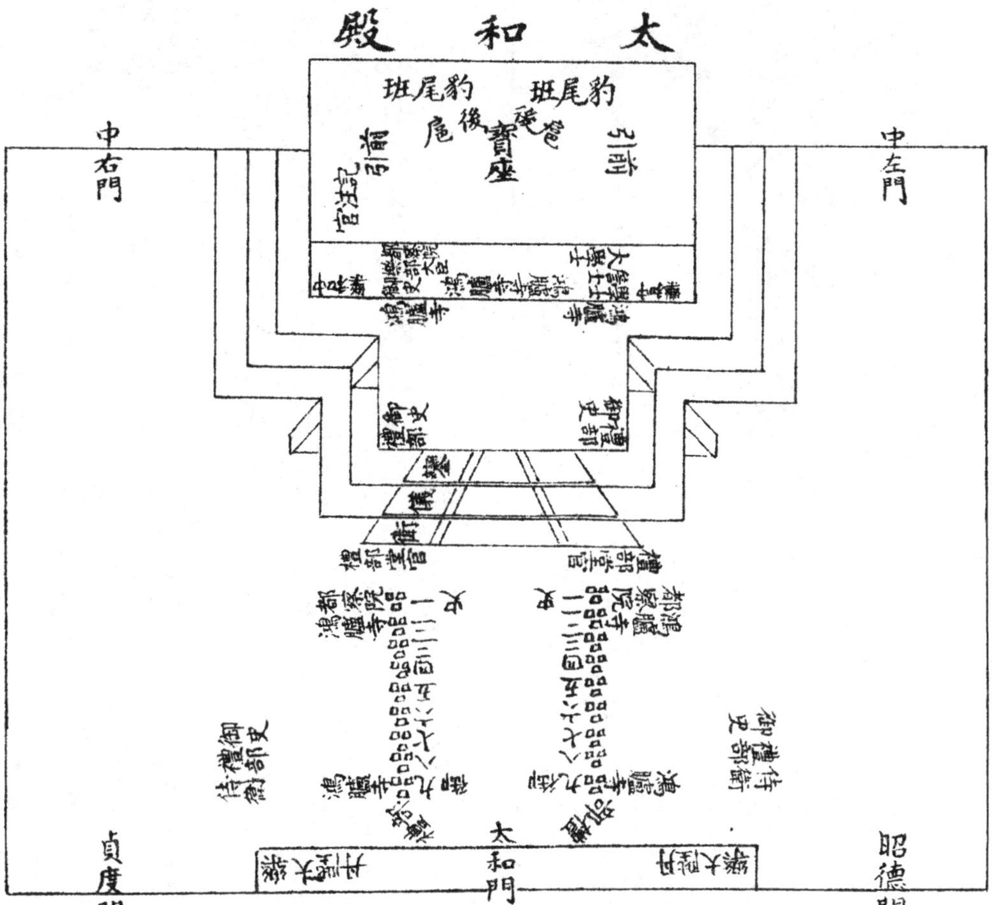

宮 平

居戎切，音弓。說文室也。
宮殿　王宮

宮，穹也，屋見垣上穹隆然也。王者諸侯之宮曰明堂，太子所居曰青宮。又宗廟亦曰宮。又宮，中也，故五音中聲曰宮。宮居中央，暢四方，亦取君主之義。

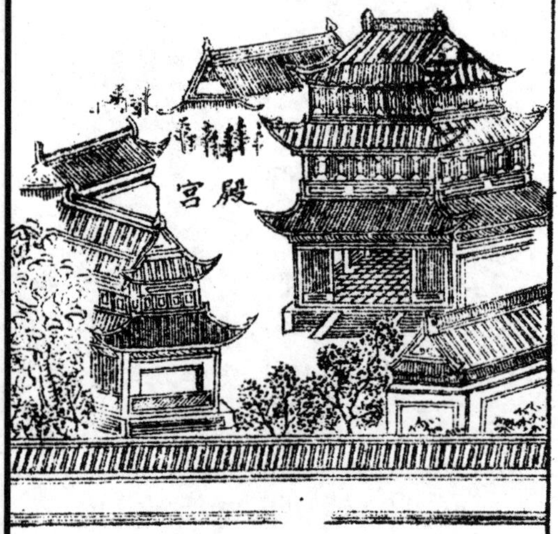

殿 去

堂練切，音電。堂高大者曰殿。
金殿　殿軍

殿，大堂也。商周以前其名不載。秦始作前殿，魏作太極殿，自晉以降，正殿皆名之。又丁練切，音唸。軍前曰啟，後曰殿。

墀 平

陳知切，音蚳。階上地也。
丹墀　墀階

說文涂也。地以丹涂地，故曰丹墀。砌以玉石者曰玉墀。

闕 入

邱月切，音缺。象魏也。又殘缺不全也。
鳳闕　闕失

說文闕，門觀也。古者門樹兩觀，所以表示宮門，使民觀之，故謂之觀。人臣至此則思其闕，故謂之闕。又通作缺，過也，失也。

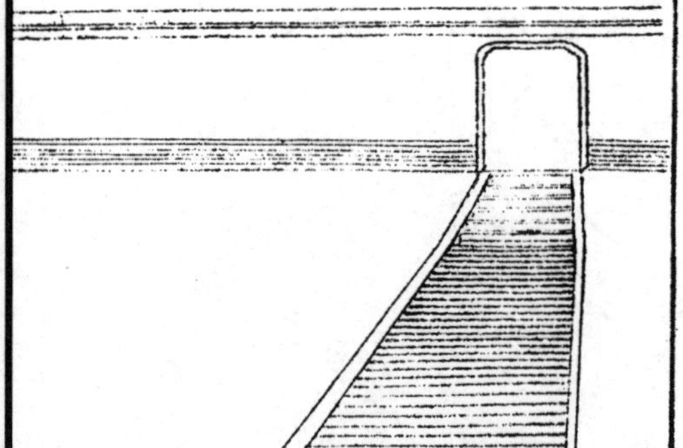

階 平

居諧切、音皆、上進者曰階、

階梯也、如梯之有等差也、說文登堂道也、又級也、故謂品級曰官階、又泰階、星名、又居夷切、音基、進也、詩職為亂階、惟厲之階、是也、

陛 去

部禮切、音髀、天子階也、

丹陛　陛下

說文升高階也、古者鑿殿臺際為陛、不使外露、故納之於霤也、天子稱陛下者、臣與君言、不敢指斥、故呼在陛下者告之、

堂 平

徒郎切、音唐、室前謂之堂、又教堂、

大堂　堂皇

說文殿也、正寢曰堂、又當也、謂正當向陽之宇也、明堂、王者諸侯所居之宮也、又翰林曰玉堂、郡守曰黃堂、縣治曰琴堂、

廟 去

眉名切、音苗、去聲、宗廟、聖廟、太廟、

郿廟　廟貌

廟者、貌也、所以仿佛先人之形容也、宮前曰廟、後曰寢、古者天子七廟、諸侯五廟、大夫三廟、士一廟、庶人有寢而無廟、又凡祀外神者、皆曰廟、

祠 平

似茲切、音詞、祭鬼神之所曰祠、

祠宇　崇祠

祠、祭也、春祭曰祠、祠猶繼也、春物始生、孝子思親、繼嗣而祭之、所以別死生也、又廟也、家廟曰宗祠、社廟曰土地祠、若昭忠祠、賢良祠、皆所以封功臣也、

社 去

常者切、音闍、上聲、土神曰社、立春後五戊為春社、立秋後五戊為秋社、

古者二十五家為里、里中有社、社、里中之土神也、白虎通、人非土不立、封土立社、示有土也、又後世賓朋聚會曰結社、如文社、詩社、書社、學社之類是、

廊 平

魯當切，音郎，環堂之屋曰廊，長廊 廊廟

廊，環堂之廂也，側室謂之廂，廂狹而長者謂之廊。

廡 上

罔甫切，音無，上聲，廡猶廊也，廊廡 廡下

說文，堂下周屋也，又大屋曰廡，門屋亦曰廡，故俗稱寄寓曰賃廡，廡，幠也，覆也，又微夫切，音無，蕃廡，草木盛貌。

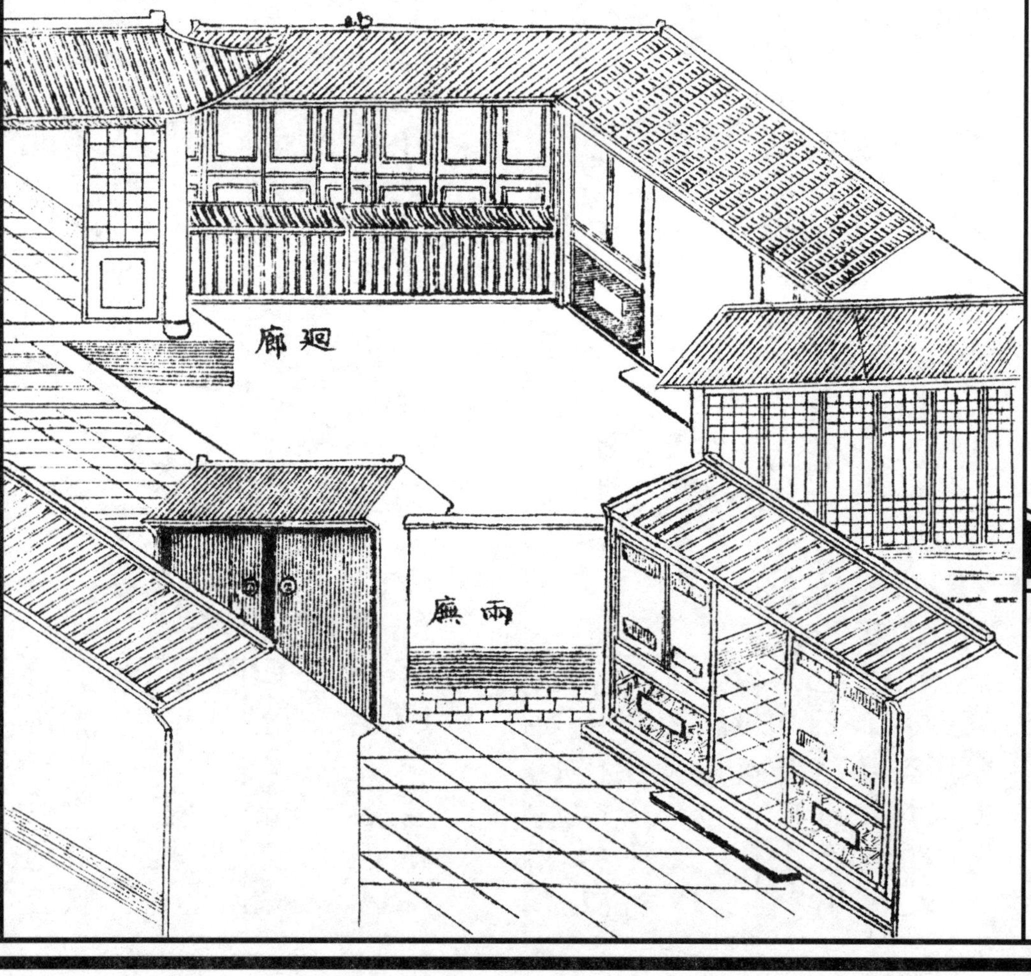

學 入

胡覺切，音鷽，學所以教人也。今各省府縣設立學堂，即古者教學之意也。

學之為言效也，言效人之所為也。古者，小學在公宮南之左，太學在郊。天子曰辟雍，諸侯曰頖宮。夏曰校，殷曰庠，周曰序，學則三代共之，皆所以明人倫也。

校 去

胡孝切，音效，教學曰校。又音教，比對曰校。

學校　校對

校，學宮之名也。夏曰校，校者教也。鄉學曰校。　又木欄養馬亦曰校，校六廄也。又居效切，音教，考校也。連木為校，刑人之具也。

學校

泮 去

普半切，音判，泮宮亦作頖宮。又通判，泮，冰釋也。又通畔，泮，坡也。

泮池　冰泮

說文，諸侯鄉射之宮也，西南為水，東北為牆，故泮從水从半。半水者，東西門以南通水，北無水也。今之府縣學皆稱泮宮，有大成殿，祀孔子。

館 去

古玩切，音貫，館舍也。

會館　館選

說文，館，客舍也。古者市有候館。孟子舍館未定，皆言客中止宿之所也。本朝有庶常館，會同館，公使館。

庠 平

似陽切，音祥。養老曰庠，庠亦學宮也。

庠生　在庠

庠者，養也。說文：禮宮養老之處也。有虞氏養國老于上庠，養庶老于下庠。上庠，右學，大學也；下庠，左學，小學也。今入學者曰遊庠，蓋沿古制也。

序 上

象呂切，音緒。次第曰序，序亦學宮也。

庠序　序齒

序者，射也，以射中多少為次序也。東序，大學也；西序，小學也。又東西牆亦謂之序，所以序別內外也。

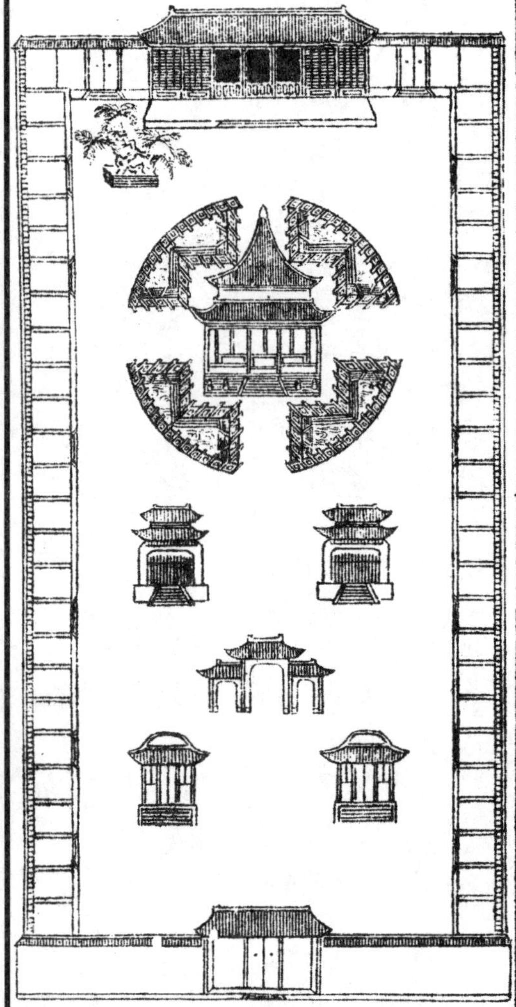

家 平

居牙切，音加。家，謂一門之內也。

家中　人家

說文：居也。户牖之間曰扆，其內謂之家。又居其地曰家。婦人謂夫曰家。天子無外，以天下為家，故曰天家。

塾 入

殊六切，音孰。家學曰塾。

書塾　塾中

說文：門側堂也。古之教者，黨有庠，家有塾。塾者，熟也，言孰習家庭之事也。

舍 去 上

始夜切、音赦、舍息也、又居也、俗稱家曰舍謙詞也、

舍館　舍置

說文市居曰舍、舍謂主人家也、孟子舍館未定、館亦主人家也、故今稱學館亦曰學舍、又與捨同、廢也、棄也、

房 平

符方切、音防、室在旁也

花房　房屋

兩旁之室曰房、俗稱妻曰正室、妾曰偏房、本此意也、蜂窩曰蜂房、花心曰花房

宅 入

直格切、音澤、宅居也、

住宅　宅門

說文宅所托也、又擇也、擇吉處而營之也、又所居之位曰宅、安其所居亦曰宅、如宅南郊、宅百揆之類

寓 去

牛具切、音遇、

寄寓　寓意

說文寓寄也、又居也、托也、寄居於人曰寓、所居之地亦曰寓、如今之客寓是也、又屬目曰寓目、著書曰寓言、皆取寄托之意焉、

閾 入

越逼切、音域、閾門限也、

踰閾　閾中

爾雅柣謂之閾、謂木橫欄于門下、以為外內之限也、論語、行不履閾、左傳、婦人迎送不出門、見兄弟不踰閾、

闈 平

于非切、音韋、

說文宮中長巷之門也、或作帷、禮雜記闈門、註、闈門亦作帷門、又棘闈科場也、鄉試曰秋闈、會試曰春闈、

閨 平

說文閨特立之戶也上圜下方有似圭形也

涓畦切音邽宮中門小者曰閨

深閨　閨中

閫 上

閫門橛也木之橫于門下者為閾木之豎于門中者為橛皆所以限內外也婦人居內故曰閫　又閫外之事將軍裁之此郭門之閫也

苦本切音悃閫亦門限也或作梱

專閫　閫秀

廬 平

廬候舍也如周制十里有廬廬有飲食是也說文廬寄也秋冬去春夏居如詩云中田有廬以便田事是也　又茅廬草廬隱士之居也

凌如切音閭粗屋之總名

廬山　茅廬

廂 平

廂東西序也正寢之東西序皆曰廂退居燕息之所也

思將切音箱兩旁之室曰廂

側廂　廂房

齋 平

齋之為言齊也按說文示齊為齋示明也祇也齊者萬物之潔齊也古單作齊後人于其下加立心以別之耳　又津私切音貲齋線喪服也

莊皆切音債平聲洗心曰齋戒書室曰書齋僧舍曰齋堂

書齋　午齋

壇 平

說文祭場也壇之言坦也一曰封土為壇禮燔柴于泰壇祭天

唐蘭切音彈祭神之所也

壇坫　神壇

衙 平

牛加切，音牙。衙者，早晚衙集也。

衙門　官衙

古者軍行有衙，尊者所在，以治事也。後人因以所治為衙。唐制天子所居曰衙。今則為官府之通稱矣。又通作牙。漢時稱驃將曰牙將，取爪牙之義。

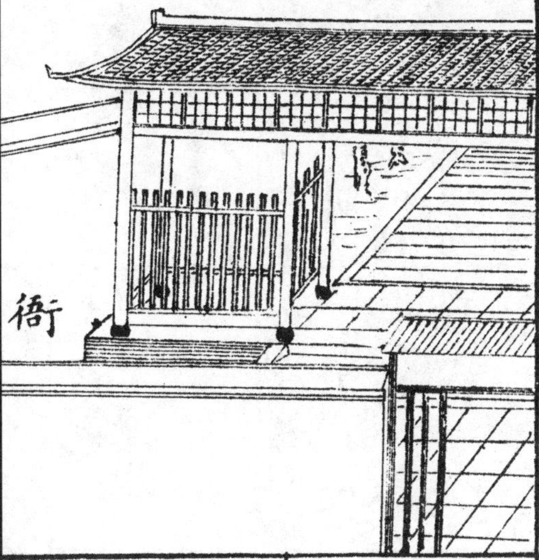

署 去

常恕切，音曙。官署，官衙之別稱。

衙署　署理

說曰：部署有所罔屬，部署猶布置也。故从网从者。俗作署，非。又署者，位之表也。故官衙稱官署，言有官位也。

軒 平

虛言切，音掀。高也。窗，軒窗前之檐也。

明軒　軒昂

凡宮殿前檐特起，曲椽無中梁者曰軒。又車前高曰軒。又人之氣高者曰軒昂。

庭 平

唐丁切，音亭。堂階前也。他定切，音聽。堂寢正室也。

庭，堂前地也。如易云：不出户庭。是說文：庭，宫中也。今俗謂之廳事。故又音聽。莊子：大有逕庭。逕庭，遠隔貌。

幕 入

末各切，音莫。覆也。帷之覆于上者亦曰幕。

帳幕　幕賓

幕，軍中行帳也。軍中以帳為府，故曰幕府。

樓 平

郎侯切音婁說文、重屋也、
酒樓　樓閣

四方而高曰臺狹而脩曲曰樓、樓者謂户牖之間有射孔樓樓然也、譙樓、城樓也、飛樓、偵敵之車也、岑樓、山之銳嶺也、

臺 平

堂來切音苔築土堅高可望遠者曰臺、
樓臺　臺灣

說文、觀四方而高者曰臺、積土為之、可以觀望也、爾雅、闍謂之臺、積土四方也、又輿臺、賤役也、靈臺者、心也、

亭 平

特丁切音庭道路之屋也、
亭臺　郵亭

說文、亭、定也、人所安定也、又停也、人所停集也、漢制、十里一亭、亭有長、以禁盜賊、為行旅息肩之所、今之路亭、本此意也、

閣 入

剛鶴切音谷層樓曰閣、又水閣、
樓閣　閣下

杙長者謂之閣、所以止扉者、即今云門頰扇所附着者也、又閣、庋藏之所也、以板為之、所以庋食物、故支板于屋、以成重屋者、亦謂之閣、

廈 上

亥雅切音夏、大廈、屋之高大者、又廈門、通商口岸、
廣廈　廈屋

說文、大屋也、通作夏、如詩云、夏屋渠渠、是、又門之廡也、即今之門廡、旁廣而卑者、

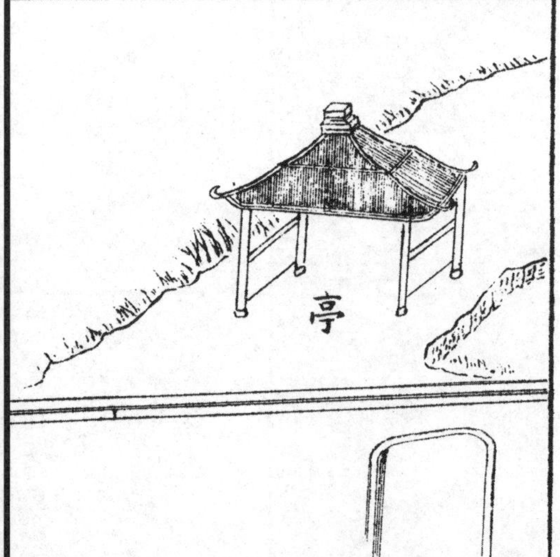

菴 平

烏含切音諳、圜屋曰菴、本作庵、亦作菴、

草菴　菴堂

菴、小草舍也、又菴閭草名、此草老莖可以葢覆菴閭故名、

觀 去 平

古丸切音官平聲、視也、又卦名、古玩切音官去聲、樓觀之觀、

樓觀　觀察

觀、諦視也、常事曰視、非常曰觀、近視下視曰臨、遠視上視曰觀、又觀謂之闕、宮門雙闕、兩旁有樓可以望遠、謂之樓觀、

寺 去

祥吏切音嗣、僧舍也、

佛寺　寺院

寺、僧舍也、漢明帝求佛經于西域、至則館之于鴻臚寺、大建精舍居之、即名曰寺、僧舍之稱寺始此、

院 去

于眷切音瑗、室之有墻垣者曰院、

庭院　院落

說文、周垣也、凡屋之四圍有墻者皆曰院、又官廨曰院、五院、謂監察殿中侍御史中丞大夫也、又儒者所居曰書院、道流所寓曰道院、浮屠所居曰僧院、

塔 入

托合切音榻、累土為塔、

塼塔　塔影

說文、西域浮屠也、或七級九級至十三級而止、又塔院、即佛堂也、

去 **棧**

仕限切音輚上聲、說文、竹木之車曰棧、又棚也、閣也、

棧道　貨棧

棧藏貨之所也、古者日既夕、賓貨幣于棧、言聚藏也、凡人物所聚者皆曰棧、如客棧貨棧之類是也、通稱曰棧房、又棧道、山路之不平者、在四川、

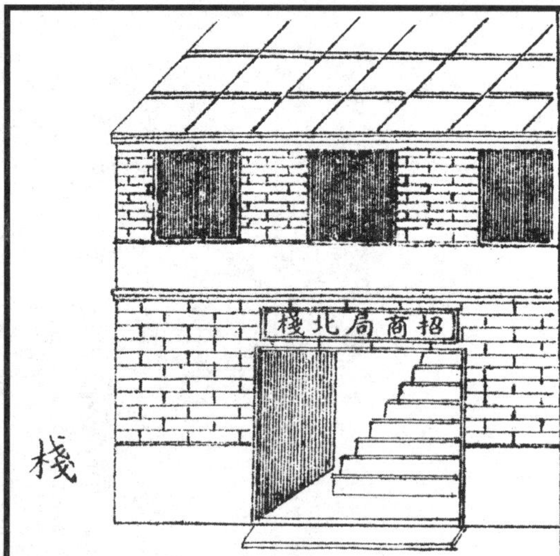

去 **店**

都念切音墊、居貨以待售者曰店、

店舖　旅店

店、置也、所以置貨鬻物也、又與坫通、說文、店、反爵之處、或作坫、

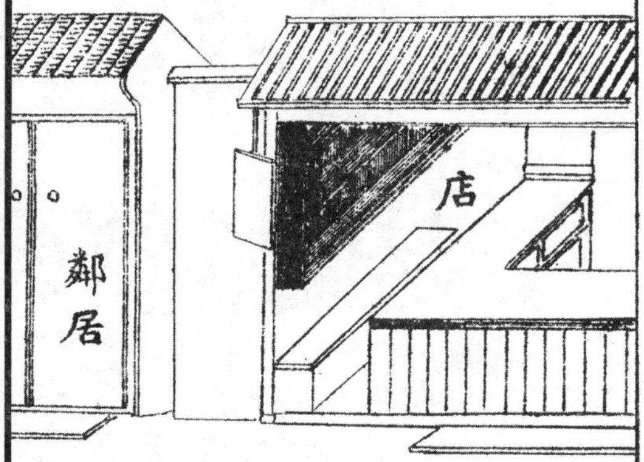

上 **邸**

典禮切音底、王公之府第、

藩邸　邸第

上屬國舍也、漢制、諸侯王朝宿之館、在京師者謂之邸、

平 **鄰**

力珍切音粼、居相近者也、

芳鄰　鄰居

周禮、五家為鄰、尚書、八家為鄰、大抵居相鄰者必近、故近亦謂之鄰、

倉 平

七岡切音蒼、說文、穀藏也、

倉場　倉猝

穀倉

圓曰囷方曰倉、穀藏曰倉、米藏曰廩、古有倉人、掌粟入之藏、本朝設倉場總督、又倉卒、怱遽貌、

庫 去

苦故切、音苦去聲、藏物之所曰庫、

倉庫　庫金

庫、舍也、物所在之舍也、古有五庫、一曰車庫、二曰兵庫、三曰祭庫、四曰樂庫、五曰宴庫、本朝以戶刑工三庫為最大、各省有藩庫道庫、

廩 上

力甚切、音凜、米藏曰廩、

倉廩　廩生

廩、矜也、實物可惜者投之于中也、古有廩人、掌九穀之數、又廩給也、如府縣學生員有歲給廩餼者曰廩膳生、

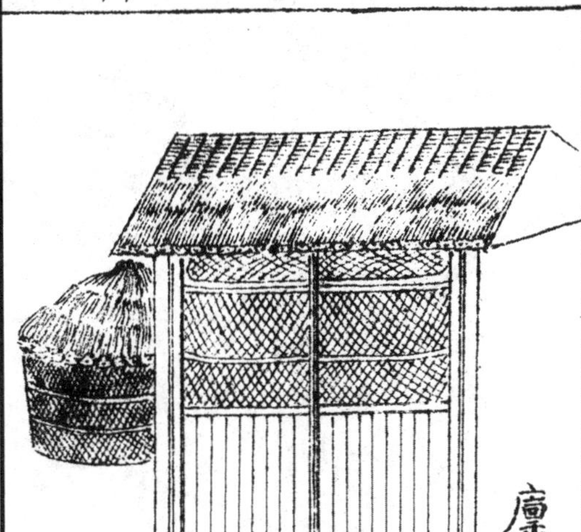

廚 平

直株切，音躕，治膳之所曰廚。

廚灶　衣廚

說文，庖屋也，即俗稱廚房，孟子，是以君子遠庖廚也，又櫝也，如書廚、衣廚之類是，俗作橱，非。

竈 去

則到切，音躁，說文，炊竈也，俗作灶。

灶神　爐灶

竈，造也，所以創造食物也，博雅，寤謂之竈，其脣謂之陘，其窻謂之突，突下謂之甑，又竈為五祀之一，夏所祭也，即今所奉竈神。

庖 平

蒲交切，音匏，說文，廚也。

庖廚　代庖

庖人治庖，庖之言苞，所以苞苴食物也，又通作包，易，包有魚，包亦作庖，凡代人作事曰代庖。

廏 去

居又切，音救，養馬之所曰廐，俗作廐，非。

馬廐　廐櫪

說文，馬舍也，廏，勼也，勼，聚也，生馬之所聚也，周制，六繫為廏，其數二百十六匹為一廏。

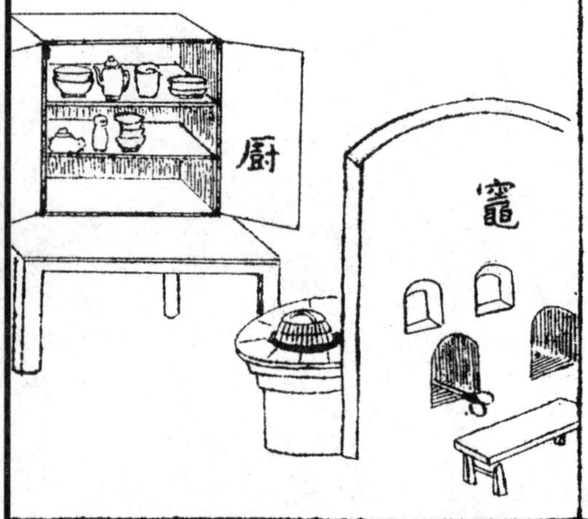

廁 入

初寺切，音颸，去聲，圊溷曰廁。

廁列　溷廁

說文，廁，清也，言圊溷至穢之處，宜潔清也，又牀邊側謂之廁，又高岸夾水謂之廁，段借為側，如踞廁之廁是，段借為次，如溷廁之廁是。

窗　平

楚江切、音牕、助去、戶為明曰窗、

雲窗　窗櫺

窗聰也、於外窺內為聰明也、說文本作囪、今或作牕、又粗叢切、音怱、通孔也、竈突也、即俗云烟囪是、

牖

以久切、音酉、旁窗也、

戶牖　窗牖

說文穿壁以木為交窗而受光也、在屋曰窗、在牆曰牖、又牖導也、啟也、與誘通、

樞　平

春朱切、音姝、門之直幹也、

樞機　天樞

凡朝廷為行政之樞機、心為處事之樞機、皆有一定不可易之理、猶門可開闔而樞不移也、

楣　平

武悲切、音眉、楣門楣也、

門楣　楣梁

楣眉也、近前各兩、若面之有眉也、爾雅、楣謂之梁、謂門上橫梁也、

門　平

謨昆切、音捫、人所出入者曰門、

大門　門戶

說文、門聞也、从二戶、象形、一扇曰戶、兩扇曰門、又在堂室曰戶、在宅區域曰門、又門守也、故守門者亦曰門、

椽 平

椽，屋椽也，秦名為屋椽，齊魯謂之桷，說文，桷，方椽也，周謂之榱，爾雅，桷謂之榱。

直彎切，音傳，圓者曰椽，方者曰桷。

一椽　椽筆

檐 平

檐，接也，所以接屋之前後也，古作笇，俗作簷，爾雅，檐謂之樀，俗謂之滴水。

移簾切，音盐，所以承溜者曰檐。

茅檐　檐牙

檻 上

說文，檻也，房室之疏也，軒窗下為欞曰闌，以板曰檻，又囚罪人者曰檻車，養禽獸者曰圈檻。

戶黯切，音艦，窗檻以板為之。

窗檻　檻車

梯 平

說文，木階也，構木為之，人所踐以瞰高者，梯亦曰階，故謂亂階曰亂梯，倖進曰梯榮，又杜夷切，音題，木稚也。

天黎切，音體平聲，升高曰梯。

雲梯　梯級

棟 去

棟，中也，居屋之中也，爾雅，棟謂之桴，謂屋脊也。

多貢切，音凍，屋之正梁曰棟。

椽棟　棟宇

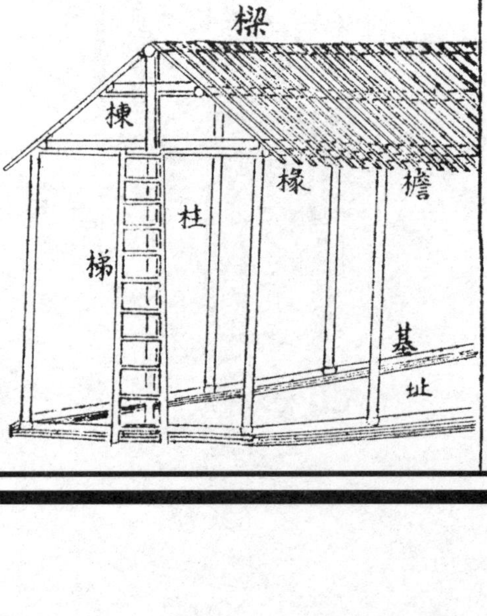

垣 平

于元切音爰牆卑曰垣、

垣墉　牆垣

垣、援也、人所依阻、以為援衛也、牆之高者謂之墉、牆之低者謂之垣、又星名、上垣東垣西垣、為三垣、

墉 平

餘封切音容牆高曰墉、

墉垣　崇墉

墉、容也、所以隱蔽形容也、堂中北牆謂之墉、禮、君南向於北墉下是也、又小城曰墉、詩以伐崇墉是也、

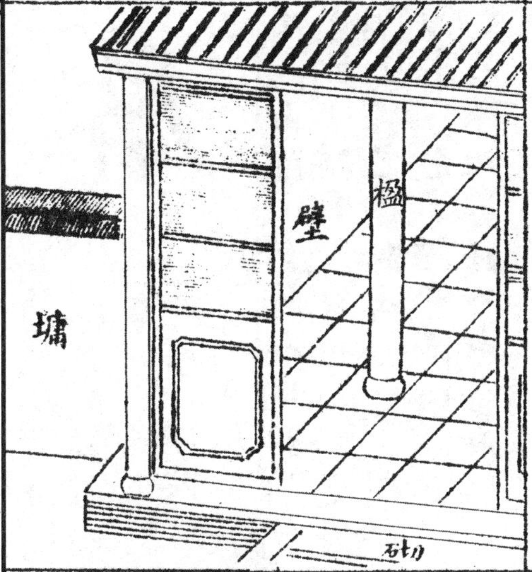

牆 平

才良切音嫱複壁為牆、

城牆　牆屋

說文本作牆、垣蔽也、爾雅牆謂之墉、東西牆謂之序、又蕭牆、屏也、園牆、獄也、女牆、城闕也、

壁 入

必歷切音檗說文垣也、甓磚為壁、

石壁　壁壘

壁、辟也、所以辟禦風寒也、屋外謂之牆、屋内謂之壁、又軍壘曰壁、壁立、又東壁星名、主文籍、天下圖書之府、

戶 去

後五切音祜、一扉曰戶、

說文戶、護也所以謹護閉塞也、又室之口也、室之口曰戶、堂之口曰門、內曰戶、外曰門、 又民居曰編戶、戶部掌天下之戶口者、

屏 平

蒲明切音萍所以蔽內外者曰屏、

門屏　屏障

屏障也所以自障也、爾雅、屏謂之樹、小牆當門中也、亦謂之塞門、又謂之蕭牆、今俗謂之照牆以木為之者、謂之圍屏、 又必郢切音幷、除也、棄也、

楹 平

餘輕切、音盈直柱也、

兩楹　楹鼓

說文柱也、楹言盈盈對立之狀、

柱 去

直主切除字之上聲、楹也、

砥柱　柱石

柱、木之直立者、

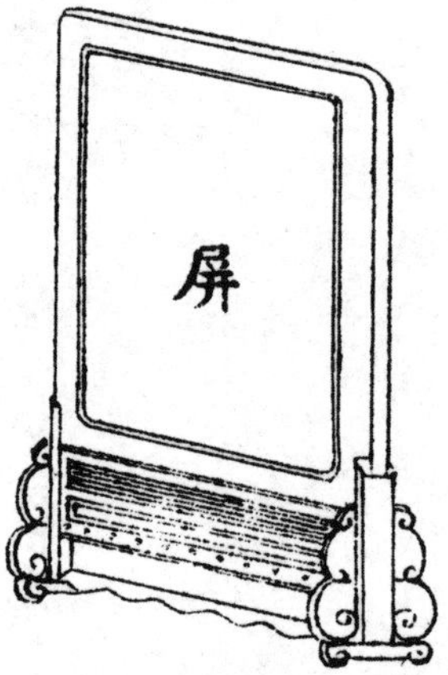

砌 去

七計切、音妻去聲、階下之石曰砌、

庭砌　砌牆

說文、階甃也、階石曰砌、所以接階級也、

柵 入

測革切音策豎木為柵

木柵　柵門

說文作柵編樹木而為之以代垣也从木从冊象形也又數眷切音篹編竹木為籓也又所晏切音訕籬柵也

卡 去

從納切音雜守隘之兵房也

局卡　卡房

凡要隘處設兵守之謂之守卡俗呼克矮切非

局 入

衢六切音跼委員之署曰局

總局　局戲

左右部分曰局如棋局之不相亂故釐卡稱局巡防亦稱局以處委員隨時調動如棋子之不定也

廛 平

呈延切音纏民居之在邑者

市廛　廛布

說文二畝半一家之居也又一夫之居曰廛城邑之居亦曰廛又廛布者貨賄諸物邸舍之稅也周禮廛人掌之

處 上　去

昌與切音杵居室曰處

居處　處處

說文居也詩爰居爰處謂居其所也于時處處謂居于室也又三處朝野市也處分猶分別也又昌據切音杵去聲義同

居 平

斤於切音車居家居也

居家　新居

說文居處也古作凥从尸得几而止也今文作居居坐也如論語居吾語女是又安也如書奠厥攸居是又積也如居貨居積之類是叚借為倨居然謂傲然居之也又誰居疑問辭也

室 入

式質切音失 堂
後曰室、又營室星名、室
家、正室、

說文室實也从宀物實滿其中也
上古穴居野處後世聖人易之
以宮室其四面之穹隆者曰宮
其廋藏財物之所者曰室
禮三十曰壯有室言娶妻也、

屋 入

烏谷切音沃 宮
室之總名、
夏屋 屋梁

說文屋居也从尸象屋形从至
至所止也周制夫三為屋屋三
為井、

坊 平

分房切音方 邑
里之名、
牌坊、 坊表、

坊方也言人所在之里為坊漢
宮有九子坊 太子宮曰春坊
又表也節孝坊所以表彰其名
又通作防隄也、

基 平

居之切音朞 築
室之址也
屋基 基地

基據也在下物所依據也凡事
之最初者皆曰基故基又訓始
築墻必先立基故基為墻之始
又鎡基田器也、

址 上

渚市切音止 址
基也、
四址 址基

說文基也止也漢書址者山之
基足也在城曰城址在屋曰屋
址蓋就基所止而言也又通作
阯說文阯或作址交阯國名或
作交趾、

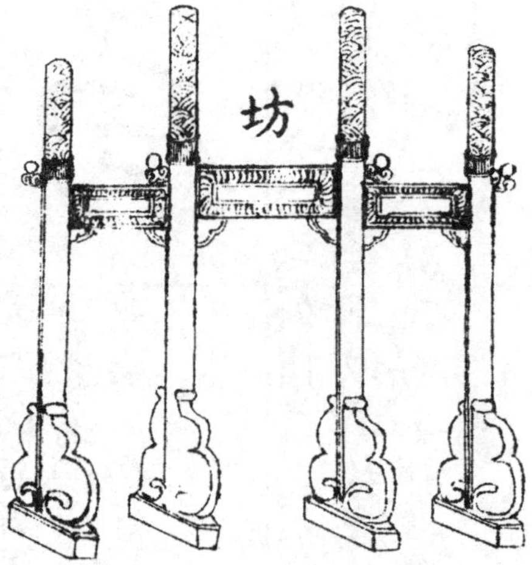

人

平

而鄰切、音仁、人者、對己之稱也、天地之生人為大、故人為萬物之靈、 人倫

種

去 上

之用切、音中、去聲、播穀於地曰種、 主勇切、音中、上聲、種類也、種種由物物也

類

去

力遂切、音戾、事物相似者曰類 種類 類書

地球人種、分為五類、因人體上皮膚之色、而定其區別、分為黃、白、黑、三大人種、加以銅色人種、及棕色人種、共為五種、或曰銅色棕色二種、其統系應屬于黃人種云、黃人種、又稱蒙古人種、白人種、又稱高加索種、黑人種、又稱非洲人種、銅色人種、又稱印度人種、棕色人種、又稱巫來由種、 種類 播種

說文、類从犬、類聲、種類相似、惟犬為甚、故凡事物之相肖者、為一類、其相反者曰異類、

姓

去

息正切、音性、人之所分別者、姓也、 百姓 姓名

姓、人所生也、姓字从女生者、上古八大姓、姜姬嬀姒嬴姞姚妘、皆从女也、

氏

去

上紙切、音是、古之氏、今之姓也、 姓氏 氏族

氏、族也、別而稱之曰氏、合而言之曰姓、氏者、所以別子孫之所自出也、古人以字為氏、後人以氏為姓、婦人稱氏者、從夫姓也、

唐 平

徒郎切音堂國名後人以為姓堯有天下之號
荒唐　唐朝

唐大言也莊子荒唐之言是也堯稱唐者蕩蕩道德之大也稱陶唐者猶湯稱殷商也爾雅廟中路謂之唐

堯 平

吾聊切音僥唐帝名
唐堯　堯舜

堯高也从垚在几上象高大之形堯以至德有天下故臣民以堯稱之

虞 平

元俱切音愚舜有天下之號其後禹封商均之子于虞城後人因以為姓

唐虞　虞人說文騶虞仁獸也白質黑文尾長于身食自死之肉　又度也誤也　又周制掌山澤者謂之虞

舜 去

舒閏切音蕣有虞氏之號
帝舜　舜華

說文舜草名楚謂之葍秦謂之藑此草蔓地華故舜又名重華史記仁聖盛明曰舜
又舜者准也循也言其准行道德循堯之緒也

夏 去 上

胡雅切音下上聲中國也
中夏　夏至
又音暇繼春曰夏

又夏大也萬物一至夏令便長大也又詩云夏屋渠渠亦取大之義　又讀步駕切

禹 上

王矩切音羽夏王名
夏禹　禹王廟

禹湯皆字三王去唐之文從高古之質故夏商之王皆以名為號史記受禪成功曰禹
說文禹蟲名

殷　平

於巾切音咽商號中更曰殷、又姓、

殷商　殷殷

說文作樂之盛稱殷凡盛者皆曰殷史記契始封商後盤庚遷都殷墟改號曰殷、又殷殷憂也、又於巾切音隱殷勤周致也別作慇懃、

湯　平

土郎切音鏜商王名、又姓、

湯水　商湯

說文熱水也、冷曰水熱曰湯、又他浪切音儻熱水沃也、又尸羊切音商湯湯水流貌、又他浪切音盪與蕩通、

周　平

職留切音州武王有天下之號又姓、

周密　周至

周密也从用从口、善用其口、言謹密也又普徧也、如周圍周到又周帀之類是、

武　上

罔甫切音舞健也威也又周王號、

威武　武斷

止戈為武武王伐紂救民以定天下故臣民以武稱之、又樂名、武王定天下作武樂以奏功

桀　入

巨列切音傑夏之暴君履癸號又與傑通千人曰英萬人曰桀

桀紂　英桀

說文桀磔也古人稱桀黠者言其凶暴若磔也諡法賊人多殺曰桀夏桀暴虐無道故天下名之、又雞棲杙也詩雞棲於桀古作⿱舛土俗作榤、

紂　去

丈九切音紂商受號、

紂王

說文紂馬緧也自關而西謂之紂史記殘忍捐義曰紂帝辛暴虐無道天下謂之紂、

孔（上）

康董切，音空，上聲。孔子，大聖人也。
孔聖　面孔

說文：通也。通者，空字之訓。古多借孔為空，故孔亦訓通。宋孔父嘉遭華父督之難，其子奔魯，後人以氏為姓，六世而生孔子。

顏（平）

牛姦切，音言。首之正面也。
和顏　顏色

顏，容色也。凡采色亦皆曰顏。

曾（平）

作滕切，音增。按曾字除人姓及曾祖、曾孫外，皆作層音。然經史並無層音。

高曾　曾孫。曾子，孔子弟子也。又與增同，如曾祖、曾孫之類是。又徂稜切，音層。說文：詞之舒也。如曾經、曾是之類是。

孟（去）

莫更切，音夢。孟子，大賢人也。又姓。
孟孫　優孟

說文：長也。嫡長曰伯，庶長曰孟。魯仲孫氏為三桓之長，故又曰孟孫氏。又始也。四時之首月稱孟月。孟子名軻，子思之弟子也。又莫浪切，音盂去聲。孟浪，言不精要也。

冉（上）

而琰切，音染。行也，進也。又姓。
冉子　冉冉

說文：冉，柔弱也。古本作冄。毛冄冄也，柔弱下垂之貌。冉有、冉求，皆孔子弟子。

閔（上）

弭盡切，音敏。閔損，孔子弟子也。
閔子　憂閔

說文：弔者在門也。通作愍，今別作憫，非。又病也，如詩云：「覯閔既多」是。又眉貧切，音珉，與旻同。說文：秋天也。

鄒 平

側鳩切、音騶、國名、又姓、

鄒魯

宋閔公之後、正考父食邑於鄒、生叔梁紇、以邑爲氏、說文、魯縣、古邾婁國、帝顓頊之後所封也、至魯穆公時改曰鄒、

魯 上

郎古切、音虜、鈍也、

魯國　愚魯

魯國名、周成王封周公之子伯禽于魯、其後以國爲氏、

姜 平

居良切、音疆、姓也、

姜尚　姬姜

神農氏居姜水、以爲姓、其後爲齊甫申呂紀許向芮、又不姜水名、山海經、不姜之水、黑水出焉、

趙 去

治小切、音肇、國名、又姓也、

歸趙　趙國

說文、趙、趨趙也、以小邑朝事於大國、故亦訓朝、周穆王賜造父以趙城、是爲趙氏、以物退人曰歸趙、取藺相如完璧歸趙意也、

鄭 去

直正切、音程、去聲、國名、又姓、

鄭重　鄭國

鄭、町也、地多平坦、町町然也、周宣王封其弟友、是爲鄭桓公、其後以爲氏、又鄭重、殷勤之意也、又貴重也、

郎 平

魯當切、音廊、部郎、官名、

侍郎　郎官

郎官始自秦代、初置郎中令、漢官尚書郎、隋置六侍郎、今京員有侍郎、郎中、員外郎各官、又男子之通稱曰郎、婦謂夫亦曰郎、

馮

平

皮冰切音憑恃也、馮陵

說文馬行疾也、又乘也陵也、馮河徒涉也馮怒恚盛也馮恃氣驕也又馮夷神名又符中切、音逢鄭馮簡子、本姬姓、以國為氏、

陳

去 平

直珍切、音塵姓也、周武王封舜後胡公滿於陳其後以為氏、陳設 戰陳

陳塵久也、陳居之久、久則生塵古者陳塵通用、故陳為久之義爾雅堂途謂之陳言賓主相迎陳列之處也、軍伍行列也、羅列曰陳、

又直忍切同陳、又直珍切事物

褚

上、

丑呂切音楮製衣也、又姓、褚師氏 綿褚

褚師氏皆鄭姬姓也、又展呂切、音貯、以綿裝衣曰褚 又止野切音者衣赤也、卒謂之褚今兵役以絳緣衣是也、

蔣

上

即兩切、音槳國名、又姓、凡蔣

說文菰蔣也、其米曰雕胡、周公封三子伯齡於蔣其後以為氏、

沈

上、 平

持林切、音霃川澤曰沈、又沒也武荏切音審國名、又姓、沈沒 陸沈

說文陵上滈水也、又莽也、言平望莽莽無涯際也、周文王第十子聃季食采于沈其後以為氏、

呂

上

兩舉切音旅姓也、呂尚 律呂

說文呂脊骨也、象人項大椎形故脊骨亦稱脊呂、又通作膂說文昔太嶽為禹心呂之臣、故封呂侯、其後以為氏、

魏 去

魚貴切音僞國名、又姓、
象魏　魏闕

魏高大也、故宮門高大曰象魏、說文本作巍、周武王母弟、受封于畢、至畢萬仕晉、封魏城、其後以為氏、

潘 平

普官切音拌姓也、
潘安

說文淅米汁也、又孚袁切音翻、米爛也、

彭 平

蒲庚切音棚、說文鼓聲也、國名、又姓、
老彭　彭城

禹貢彭蠡卽今江西鄱陽湖、陸終氏生六子、其三曰彭祖、封于大彭、其後以為氏、又博旁切音榜、平聲、彭彭、強盛貌、

蔡 去

倉大切音縩國名、又姓、周封叔度於上蔡、後以為氏、
上蔡　蔡龜

說文草也、又守龜也、出蔡地、故以為名、禹貢二百里蔡、蔡法也、法三百里而差簡者曰蔡、

薛 入

私列切音洩國名、大姓也、
滕薛　薛居州

薛草名、藾蒿也、黃帝之後奚仲封於薛、後以為氏、

張 平 去

中良切音帳平聲、施弦曰張、又姓、
開張　張弛

說文張施弓弦也、弦施則弓滿而開張、又計物之數曰張、羅取鳥獸曰張、又星名、史記、西至于張、張者萬物皆張也、又知亮切音帳、張施陳設也、

鄧 去

唐亘切音滕國名又姓也

説文曼姓之國也殷武丁封叔父於河北為鄧侯後因氏焉

滕 平

徒登切音騰國名又姓也 滕薛 奔騰

説文水超涌也與騰通滕國周文王叔繡之後子孫以為氏

宋 去

蘇統切音送國名又姓也 宋國 呂宋

説文居也从宀从木木所以成室居人也周成王封微子啟於宋即閼伯之商邱地子孫以為氏

袁 平

羽元切音爰姓也與爰通 袁安

説文衣長貌袁氏媯姓舜後陳胡公之裔名諸字伯爰其孫濤塗以王父為氏世為陳上卿史記袁盎漢書作爰盎袁爰同音之假借也

姚 平

餘昭切音遥姓也舜之後 餘姚

虞舜居姚墟謂之姚虞後因氏胡公滿之孫亦謂姚氏

阮 上

虞遠切音邧國名又姓出陳留 賢阮 阮籍

晉阮籍與兄子阮咸為竹林之游時人稱大阮小阮今稱姪曰阮蓋本此

劉 平

力九切、音留、姓也、陶唐氏劉累之後、

虞劉　劉備

說文殺也、本作鎦、从金刀會意、如書云重我民無盡劉是、爾雅劉暴樂也、暴樂讀作爆爍、言木枝葉稀疏也、

范 去

房啖切、音犯、

韓范　范文正公

說文草也、又蠭也、禮范則冠而蟬則緌、又姓也、劉累學擾龍于豢龍氏、范氏其後焉、一曰隨會為晉大夫、食采于范、其後以為氏、

邵 去

時照切、音召、國名、又姓也、

周召　召陵

邵與召通、召公奭之後、按周召、史記作周邵、召陵史記作邵陵、又召公、公羊作邵公、蓋邵召同音之假借也、

衛 去

于歲切、音魏、國名、又姓、周文王子、衛康叔之後、

護衛　衛國

衛、防禦也、凡防護守禦皆曰衛、天子之護衛曰侍衛、爾雅衛垂也、營衛守圍、皆在外垂也、　又精衛、鳥名、恆衛、水名、

荀 平

須倫切、音恂、國名、又姓也、

二荀　荀子

說文草也、黃華赤實、名曰荀草、又荀氏有二、本侯國也、晉大夫荀林父以邑為荀、

董 上

覩動切、音懂、姓也、

紳董　董事

董、督正也、如今之有董事是、又草名、董蕖、草之似蒲而細者、一曰藕根也、

昔有飂叔安裔子、好龍、服事帝舜、帝賜之姓曰董父、

龔 平

居容切音恭、

龔黃

說文給也、又奉也、亦作供、又慤也與恭同、又姓也晉大夫龔堅前漢龔勝龔舍並著名節世謂之楚兩龔、

齊 上 平

祖兮切音臍、物無長短曰齊、又國名太公封於齊其後以為姓、

整齊　齊國

說文禾麥吐穗上平也、又在禮切音薺、齊齊恭慤貌、又津私切音賫衣下曰齊、又莊皆切與齋同齊潔也、

穆 入

莫卜切音目姓也、

雍穆　穆陵

說文禾也、爾雅穆穆美也、又敬也、又昭穆廟序也、一世昭二世穆、又左為昭右為穆、又姓漢有穆生、

俞 平

羊朱切音臾然也、又姓、本作兪、俗作俞、

都兪　兪兪

兪、應辭也、如內則男唯女兪是、又偶許切、音愈、俞俞、容貌和恭也、又俞戍切、音臾去聲、呴俞色仁也、

胡 平

戶孤切音瑚、頷下垂也、

羌胡　胡盧

胡牛領垂也、又國名、亦嫗姓之國春秋時楚滅之其後以為氏、

閻 平

余廉切音賢、

說文閻里中門也、又巷也閻謂之衖、

皇 平

胡光切，音王。皇者，太上之尊稱也。

帝皇　皇上

皇，大也。篆文从自从王，自，始也。始王者有天下，故三皇稱皇。至堯舜稱帝，夏商周稱皇，秦并以為號，漢以下因之。

帝 去

都計切，音諦。帝者，王天下之號也。

五帝　上帝

上古天子稱皇，其次稱帝，三代稱王，自秦以後并稱曰皇帝。上帝，天也。五帝，五行之神也。伏羲、神農、黃帝、堯舜，亦稱五帝。

后 去

胡口切，音後，與後通。又胡茂切，音候，義同。

后土　皇后

后，君也。古者君稱后，如夏后氏是也。后，辟也，古者君稱臣曰后，如羣后是也。后，君之配也，如周立后，秦漢曰皇后是也。后土，土神也。

辟 入

必益切，音壁，法也。

辟公　大辟

能出法令者曰辟。說文，从卩从辛，辠字亦从辛，卩謂節制其罪也，从口，行法也。又匹亦切，音僻，懲有罪也。

妃 平

芳非切，音霏。

妃嬪　后妃

說文，匹也。次于后者曰妃，太子之嫡室亦曰妃。又天妃，神名。湘妃，竹名。又盈之切，音怡，與姬同，眾妾之總稱。又滂佩切，音配，與配同，配偶之通稱。

姬 平

居之切，音基，姓也。武王克商，封姬姓之國者四十人。

姬姜　姬侍

說文，黃帝居姬水，以姬為氏，周人嗣其姓。武王克商，封姬姓之國四十。姬本周姓，其女貴于列國之女，故婦人之美稱曰姬。

君 平

拘云切、音軍、君羣也、羣下歸心者曰君、

人君　君主

凡天子諸侯及卿大夫有地者皆得稱君、君者、尊也、故从尹、尹握事者也、人君發號出令、故从口、又子稱父母曰嚴君、稱先世曰先君、婦稱夫曰夫君、

臣 平

植鄰切、音辰、事人者皆曰臣、

君臣　臣下

臣、伏也、事君者也、仕于公曰臣、仕于家曰僕、凡稱臣僕臣妾者、卑下之詞也、

王 平 去

雨方切、音皇、有天下者曰王、

帝王　王者

以一貫三為王、三者天地人也、中畫近上、王者則天之義、又于放切、音皇去聲、王天下也、凡帝王之王、讀平聲、王霸之王讀去聲、

公 平

沽紅切、音工、五等之爵首曰公、又婦人謂夫之父曰公、

三公　公私

公者、平分也、从八从厶、八猶背也、厶讀作私、背私為公、公者私之對也、

侯 平 去

胡溝切、音後平聲、五等之爵次曰侯

公侯　侯衛

禹貢、五百里侯服、周制、公侯地方百里、今稱知府曰郡侯、知縣曰邑侯、本此意也、又獸侯、射鵠也、有熊侯麋侯布侯之別、

伯

博陌切、音百、五等之爵次、

九伯　伯父

伯、世父也、又長也、子最長迫近父也、又五霸、亦稱五伯者、謂其雄長一時也、

卿 平 去

邱京切音輕，次於公者曰卿。

公卿　卿士

卿，嚮也，言為人所歸嚮也。古者天子諸侯皆名執政大臣曰正卿。周以後始有三公九卿之號。秦漢以來，君呼臣為卿。隋唐以來，儕輩已下亦稱卿。

相 平

思將切音襄平聲。

宰相　相助

說文：省視也。交相也。又相思木名。又息亮切，音襄去聲，視也。輔相也。宰相，百官之長也。相術，以術相人也。又七月為相。

督 入

都毒切音篤，在上臨下曰督。

總督　督理

說文：督，察也。爾雅：督，正也。攷工記：督旁之脩，謂中央為督，所以督率兩旁也。今之官制，文為總督，武為提督，均手握大權，亦取督察、督正、督率之義。

撫 上

芳武切音拊，巡行四境曰撫。

撫馭　巡撫

說文：撫，安也。一曰循也。巡撫，巡行全省之地，以安撫其民，使下僚循守其法度也。今之巡撫，即古之巡按，故撫亦訓按。

藩 平

甫煩切音翻，坐鎮一方曰藩。

屏藩　藩籬

藩，籬也。又屏蔽也。布政掌全省户版賦役之數，猶場圃之藩籬也，故稱藩司，即古屏藩諸侯之義。

臬 入

倪結切音孽，法也。

藩臬　臬台

臬，射的也。爾雅：在地者謂之臬，即門橜也。按察為全省之法官，如射之有的，門之有橜，法之所在，不可踰越也，故稱臬司。

憲 去

許建切、音獻、人之所法曰憲、

大憲　憲法

懸法示人曰憲、从心从目、觀于法使人曉然、知不善之害、故曰憲法、今稱撫藩臬為三大憲者、謂其為全省之法表也、故憲亦訓表、

尹 平

余準切、音允、執掌其事曰尹

伊尹　尹氏

說文治也、从又从丿、象手握事之形、又尹正也、正己率物、故稱尹、古多以尹名官、今惟順天府稱尹、即古天子之相稱師尹之意、

宰 上

作亥切、音哉上聲、為官曰出宰、

冢宰　宰官

宰者官之總稱、宰天下者稱宰相、宰一邑者稱宰官、宰治也、故治膳曰膳宰、治庖曰庖宰、

元 平

愚袁切、音原、氣之始曰元、

三元　元老

元始也、大也、善之長也、故君稱元首、冠曰元服、凡士子考試獲中居第一者、皆稱元、又正月為元月、朔日為元日、長子為元子、

部 去

裴古切、音蔀、總也、統也、

六部　部署

部署也、六卿之署曰六部、即吏戶禮兵刑工也、又五部、即金木水火土、五星是也、天部二十八宿也、故星辰布列亦曰部、又部曲領軍之法也、

曹 平

財勞切、音漕、同班曰曹、

兒曹　曹國

曹偶也、又國名、今山東曹州、即古之曹國、後人因以為姓、

司 平

相洛切、音思、說文、司者、臣司事于外者也、

百司　司官

司職事也、凡官員之有職事者、謂之有司、又司徒司馬司空皆姓、即古之官名、

屬 入

殊玉切、音蜀、系屬也、

統屬　屬員

說文、連也、屬相連續、若尾之在體、故从尾、又隸也、官寮也、書各率其屬以倡九牧、又之欲切、音燭、託也、與囑同、

副 去

敷救切、音否、去聲、副者、次長之稱、

正副　副室

副佐也、貳也、佐于正曰副、副所以助正也、京員如副都御史、武員如副將、外員如同知縣丞之屬、皆是也、

貳 去

而至切、音樲、不一之謂貳、又官名、貳侯、即同知也、

攜貳　貳心

貳副也、周禮小宰、掌邦之六典、八法八則之貳、又心疑不一、謂之貳、今借作二字用、

丞 平

陵長切、音承、丞佐也、即縣副堂、如典史是也、

縣丞　丞相

丞副貳也、相助為理曰丞、堯有九佐、舜有七友、禹有五丞、湯有三輔、皆丞焉、今有寺丞署丞縣丞、皆佐貳之官、

尉 去

於胃切、音畏、平也、安也、又於勿切、音鬱、火斗曰尉、

太尉　尉官

說文、尉从上按其下也、廷尉、聽獄之官也、太尉、掌軍事者也、縣尉、佐治之官也、今世襲有輕車都尉、騎都尉、雲騎尉等職、

上 **佐**

子賀切音左去聲
王佐 佐理

佐、輔也、助也、相助為理曰佐輔、如周禮以佐王邦國是也、本作左、後人加人以別左右字

上 **輔**

扶雨切音釜、夾助曰輔
三輔 輔佐

說文人頰骨也、又車兩旁夾木也、故凡言輔者、皆取其相助也、三輔京兆馮翊扶風也、四輔師保疑丞也、又府吏胥徒亦謂之輔、

上 **匡**

曲王切音劻、說文飯器也、與筐同
匡正 翼匡

匡、輔助也、如匡予不逮、是又正也、如一匡天下是又救也、如胥匡以生是又與眶同目匡也、又與恇同恐也、

平 **襄**

息諒切音湘相助曰襄
贊襄 襄陽

說文漢令解衣而耕謂之襄、蓋助農事也、故襄亦訓助、又謚法云、辟地有德曰襄、甲冑有勞曰襄、如本朝文襄武襄之謚、

入 **協**

胡頰切音挾相助為理謂之協
和協 協理

協、和易也、衆之同和曰協、如書云、協恭和衷是也、本朝文員有協辦大學士、武員有協鎮、皆取和衷共濟之義、

去 **聘**

匹正切音娉、以禮物往來曰聘
行聘 聘問

說文訪也、問也、古者諸侯使大夫問于諸侯曰聘、以幣帛訪名賢者亦曰聘、昏禮問名曰聘、聘則為妻、

官 平

沽歡切、音觀、有職事者曰官、

官員　五官

說文、吏事君也、从宀从𠂤、𠂤衆也、與師字同意、凡仕于國者皆曰官、官職也、事也、各有其職、各司其事也、如人之耳目口鼻形骸、亦各有職事、故稱五官

員 平

午權切、音圓、官員、又稱人員、俗作貟

官員　員秩

說文、物數也、又官數也、曰大員、曰微員、曰屬員、如物之有差等也、又于分切、音雲、益也、又于倫切、音筠、吳員、人名、

品 上

丕錦切、音匹上聲、物之差等者曰品、

品位　流品

說文、品、衆庶也、又類也、物各有品、如易云品物流形是也、故凡官分大小、亦曰品、官之有品級、猶物之有品類也、

級 入

說立切、音急、說文、絲次第也、

品級　等級

級、階級也、官之有品級、如階之有等級也、秦制斬首一、拜爵一級、故曰首級、

封 平

府容切、音葑、

封疆　受封

說文、爵諸侯之土也、从寸、守其法度也、从之、从土、各之其土也、又聚土曰封、專利自私曰封、擁財產者曰素封、又緘也、又以厚為義、如封靡封殖之封是、又以大為義、如封狐封豕之封是、

贈 去

昨亙切、音䵩、說文、玩好相送也、

封贈　贈送

贈、增也、凡贈遺者、所以增益他人也、借封前人官稱曰誥贈、恩須自朝廷也、

仕 去

上史切音士為官曰出仕、
強仕 仕宦

仕、宦也仕于公曰臣、仕于家曰僕、言皆有職事也、
又年四十曰強仕、

宦 去

胡慣切音患、仕官在官者之稱、
宦官 宦途

說文仕也、又學也、學職事為宦也、凡事人者皆曰宦、奄宦中官也、宦女妾媵也、

爵 入

即約切音雀、爵封也、
爵祿 賜爵

爵酒器也、一升曰爵、古者大夫以上與燕賞、然後賜爵以彰有德也、故謂命秩為爵位爵祿、五爵公侯伯子男也、世爵、世襲之職也、

祿 入

盧谷切音鹿居官曰食祿、
福祿 祿秩

說文祿福也、人以祿為福、故人死曰不祿、又俸也、居官所給之廩也、如今春秋俸是、
又司祿、星名也、回祿火神也、

位 去

于愧切音遺、有定所者曰位、
祿位 位置

說文列中庭之左右曰位、凡人所坐立皆曰位、位者居其所也、聖人之大寶曰位、此君位也、有官職者曰爵位、此臣位也、

秩 入

直質切音姪、說文稻刈再生、後先相繼也、故借為秩序秩祿字、
天秩 秩序

秩、祿廩也、禮行其秩、秩謂依班次而受祿也、又常職曰常秩、世襲曰世秩、 又秩序也、秩秩肅敬也、

僚 平

憐蕭切音聊、朋也、官僚也、

同僚 僚友

僚、勞也、共勞事也、與寮同、爾雅釋言註、同官為寮、按寮小窗也、古人謂同官為寮者、亦取齋署同窗為義、

采 去

此宰切音採、說文捋取也、又擇也、又通彩、

僚采 采邑

采、事也、又官也、謂展其官職、設施其事業、如五采之彰施于五色也、又因官食邑曰采地、

職 入

之弋切音織、有專主者曰職、

專職 職位

職、執掌也、又職事也、言有官者皆有執掌之職事也、故官守曰職守、官位曰職位、

銜 平

戶監切音咸、馬銜所以制行也、

職銜 銜頭

說文、馬勒口中也、凡口中含物曰銜、官吏祿位亦曰銜、又曰頭銜、奉君命而行曰銜命、

科 平

苦禾切音窠、條目曰科、

科第 登科

說文、科程也、从禾从斗、斗者量也、故評量人才曰科第、又科斗、蝦蟇子、

第 去

特計切音弟、次第也、又作但字解、

第宅 及第

第者秩然有序之謂也、國家考取人才、評定甲乙、謂之科第、又漢制為列侯者賜大第、故今稱宅為第、

翎 平

郎丁切音靈鳥羽也、花翎 翎銜

翎以孔雀羽為之以賞有功者其等有三眼雙眼花翎藍翎之別

翎

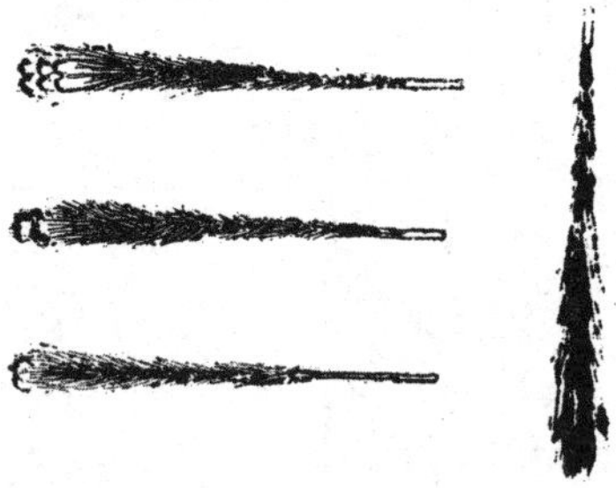

頂 上

都挺切音鼎物之顛也、翎頂 頂戴

頂顛也假借為頂戴之頂今製有紅寶珊瑚鏤花珊瑚藍寶石青金石水晶硨磲素金花金之別藉以明貴賤也

頂

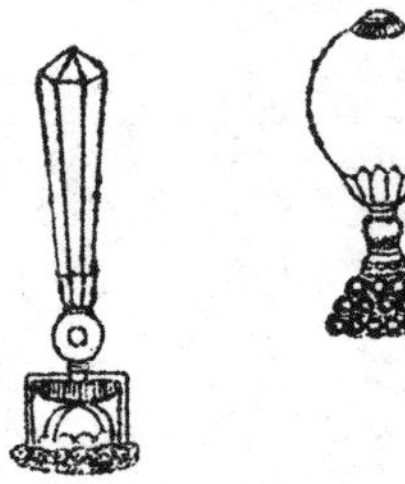

狩 去

舒救切音獸冬獵也、巡狩 獮狩

說文犬田也犬田曰狩言用犬以圍守也故从犬守聲又火田曰狩言放火燒草也又天子適諸侯曰巡狩狩或作守

例 入

力制切音厲以類相推曰例、比例

例比也類也又大概也如凡例條例之類律法曰律例

上 選

須兗切、音選、擇而舉之曰選、又少選、須臾也、

選擇　銓選

選、舉也、擇也、又銓官也、古有選士之法、為士子之進途、本朝有吏部文選司、兵部武選司、外省有候選人員、

上 舉

居許切、音莒、起也、手所操曰舉、

薦舉　舉勘

說文、對舉也、本作擧、从手、與聲、舉動作也、執物曰舉物、行路曰舉步、引申為薦舉之舉、如論語舉賢才是也、

上 引

余忍切、音蚓、相牽曰引、相薦達曰引、

導引　引見

說文、引開弓也、所以導矢之發也、引而伸之曰引、引而進之曰引、故轉為薦引導引之引、如本朝分發人員有帶領引見之例、

去 薦

作甸切、音荐、引之使進曰薦、與荐通、

推薦　薦引

說文、薦、獸所食之草也、又進也、無牲而祭曰薦、假借為舉薦推薦之薦、故薦亦訓引、

平 陞

書蒸切、音升、與升同、

推陞　陞遷

陞、上也、進也、

去 任

如林切、音壬、職任也、又讀去聲、信任也、

信任　任使

任、負也、擔也、如論語仁以為己任是也、又如鴆切、音壬去聲、克也、用也、如周禮設官分職、以任邦國是也、

用 去

余頌切，音容，去聲。操縱事權曰用。

用舍　行用

用，施行也。用物曰用，用人亦曰用。名其所用曰用，如器用、貨用，指所用之物也；如才用、功用，指所用之人也。

黜 入

敕律切，音怵。黜，退也。

黜退　放黜

說文：黜，下也。明者陟之，暗者黜之，所以行賞罰也。

陟 入

竹力切，音植。上升曰陟。

黜陟　陟降

陟，登也。从阜从步，謂登阜也。故陟亦訓高。書：三載黜陟幽明。陟者，如今之保舉；是黜者，如今之參劾。

褒 平

博毛切，音報，平聲。嘉獎之曰褒。俗作褒。

褒美　嘉褒

褒，揚美也。有美而稱揚之曰褒。又褒，明長襦也，即俗所稱袍。又褒氏，姬姓之國，禹之後也。

貶 上

悲檢切，音扁。貶者，褒之對也。

褒貶　貶謫

貶，損也，減也。凡物之減值者曰貶價。貶價則利益少，故貶訓為損。又降也，如詩云：我位孔貶，是也。故官之降級者曰貶官。

劾 入

户槩切，音瀣。劾，猶覈也。

黜劾　劾治

說文：法有罪也。凡官有罪而置之于法曰劾。劾，謂考覈其實也。又勤力也，一曰勉也。